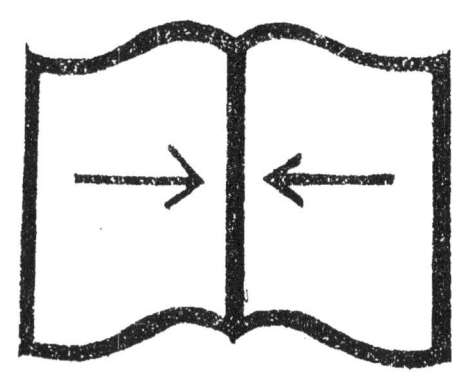

RELIURE SERREE
Absence de marges
intérieures

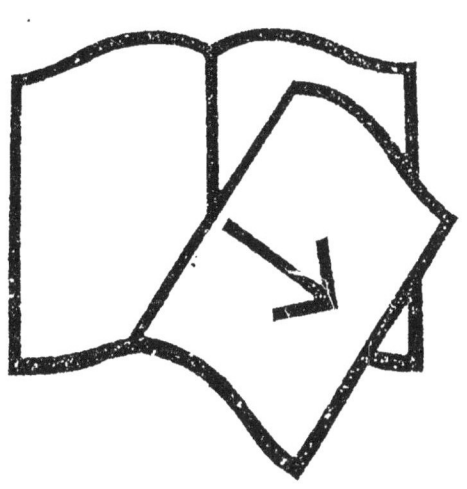

Couverture supérieure manquante

ALABLE POUR TOUT OU PARTIE
DU DOCUMENT REPRODUIT

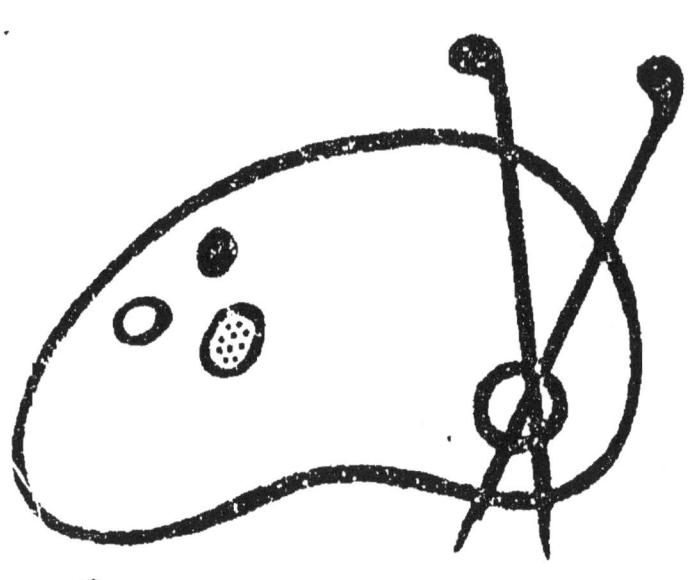

Original en couleur

NF Z 43-120-8

Maurice DREYFOUS, éditeur, 13, rue du Faubourg-Montmartre

ŒUVRES

DE

JEAN RICHEPIN

LA CHANSON DES GUEUX
ÉDITION DÉFINITIVE

Revue et aug... d'un grand nombre de poèmes nouveaux, d'une pr...
inédite et d'un glossaire argotique. — 1 vol. in-18 jésus...

LES MORTS BIZARRES
QUATRIÈME ÉDITION

Constant Guignard. — Le Ciboa. — Juin, juillet, août. — L'assassin ou Un empereur. — Une histoire de l'autre monde. — La paille humide du cachot. — Un lâche. — Le disséqué. — Le chef d'œuvre du crime. — Le chassepot du petit Jésus. — Bonjour, monsieur ! — La machine à métaphysique. — Deshoulières. — 1 vol. in-18 jésus...

LES CARESSES
QUATRIÈME ÉDITION

Première partie, *Floréal*. — Deuxième partie, *Thermidor*. — Troisième partie, *Brumaire*. — Quatrième partie, *Nivôse*. — 1 vol. in-18 jésus...

Il a été tiré quelques exemplaires sur papier de Hollande...

MADAME ANDRÉ
DEUXIÈME ÉDITION

Revue et augmentée d'une préface inédite. 1 vol. — Prix : 3 fr. 50

EN PRÉPARATION :

LES BLASPHÈMES

Paris. — Imp. E. CAPIOMONT et V. RENAULT, rue des Poitevins, 9.

1308

LA GLU

JEAN RICHEPIN

LA GLU

> Car la gouine signait bravement ses lettres de ce véridique nom de guerre LA GLU, et son cachet portait en exergue cette devise significative : *qui s'y frotte s'y colle.*
>
> LA GLU *(page 40.)*

PARIS
MAURICE DREYFOUS, ÉDITEUR
13, FAUBOURG MONTMARTRE, 13

—

Tous droits réservés

A Henry LAURENT

Paris, 1ᵉʳ mai 1881.

Mon cher ami,

C'est au Croisic que j'ai eu la bonne fortune de faire votre connaissance intime. Là, pendant une quinzaine de jours, ne nous quittant jamais d'une minute, vivant d'une vie fraternelle, dans une incessante communion de sensations, de sentiments et d'idées, en pleine nature, nous

nous sommes pris d'une grande affection l'un pour l'autre. Plus jeunes, à l'âge où l'on se lie trop facilement, nous serions devenus des camarades, et rien de plus. Les hasards de l'existence nous auraient ensuite déliés. Par bonheur, nous étions déjà hommes au moment de cette rencontre. Les nœuds ont donc été serrés plus fort, non seulement à fleur de peau, mais entrant au fond de l'être, et ainsi la sympathie passagère s'est changée en une amitié durable. Voilà pourquoi nous n'avons pas laissé mourir ces douces relations, écloses là-bas dans la familiarité de courtes vacances; et même la grand'ville, au lieu de nous séparer au retour, nous a rapprochés davantage. Parmi les tracas, les peines et les joies de la lutte, bien que nous soyons sur deux points éloignés et quasi opposés du champ de bataille parisien, vous dans les rudes et absorbants labeurs du commerce, moi dans la mêlée *littéraire, malgré nos préoccupations si différentes, toujours nous nous sommes senti les coudes. De plus en plus j'ai pu apprécier votre cœur exquis, votre esprit rare, votre vaillance, et compter au nombre de mes jours ensoleillés celui où vous avez mis pour la première fois votre main dans la mienne. Permettez-moi donc de vous dédier ce livre, en vous demandant pardon toutefois de n'avoir pas mieux à offrir en hommage à une si précieuse affection. Tel quel, je suis sûr qu'il vous sera cher, quand ce ne serait que par le souvenir du Croisic, où vivent mes personnages, où naquit notre amitié.*

JEAN RICHEPIN.

LA GLU

I

En vérité, il fallait être un original comme ce brave docteur Cézambre, pour s'en revenir ainsi nonchalamment, au simple pas de son bidet, sans piquer un temps de trot, par cette nuit de mars, sur la route en isthme qui va du Croisic à Guérande à travers les salines. A coup sûr la route était belle, avec ses bordures de marais fleuris de moisissure rose, et, d'autre part, le ciel de trois heures du matin n'était point laid non plus, avec son pailletis d'étoiles pâlissantes et son mince croissant de lune qu'une antique chanson bretonne compare à une rognure d'ongle angélique. Mais le docteur devait être blasé sur tous les détails de ce chemin paludaire, qu'il connaissait par cœur; et, quant à ce joli ciel clair, l'agrément en était singulièrement amoindri par une petite bise aigre qui vous sifflotait aux oreilles en vous les pinçant. En outre, le docteur était las et courbattu, après l'accouchement laborieux qu'il venait de faire, et tout autre, à sa place, se fût hâté de rentrer à la maison, où l'attendaient son vieux rhum pur Jamaïque et son large lit chaudement garni d'une couette. En vérité, il fallait être un fieffé original pour ne pas se rendre à toutes les bonnes raisons qui conseillaient un prompt retour, et pour s'attarder de la sorte en rêvasseries nocturnes et éventées.

Ainsi pensait sans doute, quoique plus confusément, le pauvre Biju, dans sa jugeotte de bidet, et de bidet breton, donc entêté. C'est pourquoi, de temps à autre, il hennissait bruyamment vers l'écurie et le picotin, secouait la tête, s'ébrouait pour s'envahir, et tirait sur la bride afin de rappeler son maître à la sage réalité. Mais il n'y gagna que d'être enfin rappelé lui-même à l'obéissance, par un impérieux coup de rêne qui le fit s'encapuchonner, et qui lui prouva que décidément la consigne était de marcher au pas comme si l'on baguenaudait en juin le long d'un champ de luzerne.

Le docteur avait battu le briquet, allumé sa pipe anglaise en bois de violette, enfoncé ses pieds à l'étrier jusqu'à la boucle des houseaux, et, installé sur sa profonde selle ainsi que dans un fauteuil, il songeait.

Non pas au paysage, d'ailleurs, ni au charme délicat du ciel. Il songeait à son destin, à son passé triste, à son avenir monotone. C'est encore ce diable d'accouchement qui l'avait mis en humeur de mélancoliser. Chaque fois qu'il venait de faire un accouchement, c'était la même chose.

Quelle joie cela devait donner, de voir naître un de ces bouts d'homme, en qui l'on revit, d'entendre le premier cri de ce rien du tout qui bientôt vous appellera papa! Quel bonheur de regarder éclore, puis s'épanouir, la chair de sa chair, la fleur de son sang! Et ce bonheur, cette joie, il ne les avait jamais éprouvés, le pauvre docteur, il ne les éprouverait jamais sans doute. Il était vieux maintenant, la cinquantaine passée. D'ailleurs, quoi! même plus jeune, il ne pourrait pas. Il y a des choses irréparables. Il y a, dans l'existence, des cassures que rien ne raccommode. Ah! ce beau rêve, d'une famille à aimer, il l'avait fait, lui aussi, parbleu! Et il aurait pu en jouir comme les autres. Il aurait pu...! oui, mais voilà! La vie avait mal tourné pour lui. Sa femme...! ah! mordieu! sa femme.....

Et il serra les genoux et crispa sa poigne, dans un mouvement de rage, si bien que Biju, tout guilleret, crut qu'il fallait cette fois partir au trot, et s'attira encore un bon coup de mors sur les barres.

Et le docteur se rappela cette maudite femme, par qui son existence entière avait été

gâchée irrémédiablement. Dix ans, il y avait
dix ans qu'il s'était sauvé d'elle. Sauvé, c'était
le mot. Il n'avait pas eu le courage de la tuer,
alors, l'aimant toujours malgré la faute commise. La faute, non, mais bien les fautes. Pas
même un adultère simple, mais bien un gour-
gandinage éhonté : tous les jeunes gens d'une
ville lui avaient troussé la cotte, à cette gueuse,
à cette fille. Et il ne l'avait pas tuée, pourtant.
C'était lâche, pour sûr, il le sentait bien. Il
aurait dû lui casser la tête. Mais est-on maître
de ce qu'on fait, en amour? Même dans cette
boue, il l'adorait, comme un chien. Pris par la
viande, par l'appétit, par l'habitude, est-ce
qu'on sait par quoi? Et c'est justement pour
cela qu'il l'avait quittée. En cela, oui, il s'était
montré brave, et crânement. Il lui avait fallu
se prendre le cœur à deux mains et se l'arracher de la poitrine pour partir. Mais il l'avait
fait. Cela, c'était bien. Ne pouvant la tuer, il
avait au moins eu le courage de ne pas retourner
à son vomissement. Il ne s'était pas non plus

fait sauter le caisson. Pourquoi? Un vague espoir, peut-être, de la voir un jour se repentir? Non, pas même cela. Il avait survécu, simplement par dignité. Un sentiment viril lui était revenu, une fois loin d'elle : que diantre! une saleté pareille ne valait pas la mort d'un homme! Il avait eu raison, en résumé. Un mot de Napoléon, lu dans le *Mémorial*, lui sonnait souvent à l'esprit, le consolant : « La seule victoire, en amour, c'est la fuite. » Il avait fui. Il était victorieux. En restant, il aurait fini par tout laisser, tout, jusqu'à l'honneur, dans cette bourbe.

Pourtant, qui aurait cru que ça s'en irait de la sorte en eau de boudin, en eau sale, ce joli roman où il avait voulu se rafraîchir après le doubler du cap de la quarantaine? Était-elle assez pure, assez petite fille, assez bandeaux à la vierge, cette mignonne Fernande qu'il avait rencontrée à Douai, dans une patriarcale famille de professeur. Parbleu! il s'en était épris aussitôt, avec toute l'ardeur d'un marin lassé des aventures, avec toute la naïveté d'un célibataire, déjà vieux garçon, grisé par le sent-bon des armoires rangées et par l'enveloppante fumée du pot-au-feu !

Et toute sa vie errante d'auparavant lui remontait au cœur, aujourd'hui, comme elle avait fait alors, quand il avait songé pour la première fois au repos possible, aux douces joies du ménage.

Parti à dix-huit ans comme élève-médecin de marine, à la suite d'un coup de tête qui l'avait brouillé avec ses parents, Pierre Cézambre ne les avait jamais revus, et avait depuis lors donné de la bande dans tous les hasards d'une existence ballottée aux quatre coins du monde. Sans ennui, d'ailleurs ! A bord, le travail, la lecture, les grasses histoires de quart. A terre, les bordées, les orgies de *loupe à terre, en route pour Cythère, vent arrière !* Fringales de viande fraîche, n'importe de quelle couleur, dans les Rydecks de partout ! Ivresses cuvées parmi les chansons de *mathurins* en partance :

C'est pas tant le gendarm' qué jé r'grette !
C'est pas ça ! Naviguons, ma brunette !
Roul' ta bosse, tout est payé.

Vingt-cinq ans il avait ainsi roulé sa bosse, s'instruisant aussi, devenu docteur, et, ce qui vaut mieux, philosophe, pour avoir beaucoup rêvé et beaucoup réfléchi, malgré les haltes de ribote, ou peut-être à cause de cela. Somme toute, un caractère trempé, un esprit aiguisé, l'un et l'autre d'acier fin, mais le cœur toujours *en cœur*, autrement dire cœur de jeune homme, même d'enfant. Ce grand dur-à-cuir, au cuir tanné, ce long sec-aux-os, tel qu'un pantin en bois des îles, avec son corps sans fin et noueux d'articulations, son *facies* glabre de don Quichotte sans moustaches, débarbouillé comme de jus de chique, ce vieux *bachelor* à mine de négrier, avait gardé là-dessous une innocence de Paul qui n'a pas encore embrassé Virginie.

La Virginie, elle était apparue dans Fernande. Non pas une beauté, pourtant! Et qu'importait, à lui qui connaissait toutes les splendeurs de chair de la mappemonde? Ce n'est pas ça qui lui eût donné le tic-tac dans la poitrine. Mais elle était d'allure candide, de charme intime, maigriote et mièvre, confite en pudeur réservée, et gaie néanmoins, une fleur tendre et claire aux yeux, de parfum discret et ravigotant tout de même. Petite, mince, à corsage de fillette, le regard gris sous des cheveux blonds cendrés, tapotant du Mozart au piano, experte en gâteaux et en confitures, l'index grêlé de coups d'aiguille, une trouvaille, quoi! Pas pour un autre, sans doute, à qui elle eût semblé banale et fade! Mais oui, pour lui, pour ce cœur de collégien. C'était la petite cousine qu'il n'avait point eue, la pensionnaire qui vous donne les premiers rêves de famille. Dix-huit ans! Bien jeune à côté de ses quarante passés, à lui. Non pas, puisque lui, de cœur, ne comptait pas plus qu'elle. Il y a, comme cela, des malentendus dans la rencontre des êtres.

Ah! pourquoi se remémorer toutes les excuses de l'erreur commise? Eh bien! oui, là, il s'était trompé, bêtement, en dadais. Les petits gâteaux, les confitures, le thé du soir après le whist avec le vieux professeur et la mère (si bons tous deux pourtant), et aussi les sonates perlées sous les menottes à mitaines, et les rougeurs timides, et les gaucheries mutines, mensonges, mensonges! Sous cette eau dormante, fond de vase! Et la vase était remontée à fleur d'eau, et il en avait bu un coup, une amère gorgée puante, à en mourir. Comment cela était-il advenu? Était-ce sa faute? Était-il trop vieux pour cette jeunesse, ou plutôt trop jeune pour cette âme vieille d'avance, corrompue en stagnation, à dessous de boue fétide? Qui sait? Il l'avait aimée de toutes ses forces, voilà tout. Résultat.....

II

Le docteur aurait pu continuer ainsi pendant longtemps, à mâcher et remâcher ses tristesses, au pas maintenant régulier de Biju, et non-seulement jusqu'à Guérande, mais jusqu'à Nantes, jusqu'à Paris, jusqu'au bout du monde. Quand il était de la sorte en humeur noire, ça durait ferme. Heureusement il fut soudain réveillé de ses mauvaises rêvasseries, et Biju du même coup redressa l'oreille et renâcla, à un cri lointain et lugubre, qui venait du côté de la mer, et qui se traînait comme un râle dolent au ras des salines.

— Écoute donc, fit le docteur en pesant sur les rênes du bidet.

Et, comme ils demeuraient immobiles sous le vent, la même plainte sanglota, tout là-bas encore, plus proche cependant, plus furieuse aussi; car maintenant on distinguait que ce n'était pas une plainte seulement, mais en même temps un appel de colère, comme de quelqu'un qui désespère et s'indigne tout ensemble.

— Oh! là! oh! cria le docteur dans le cornet de ses deux mains.

Et, la voix se rapprochant encore, on entendit, nettement, cette fois :

— Eh! Marie-Pierre, c'est-y toi, mon gas? Marie-Pierre, Marie-Pierre!

— Oh! là! oh! reprit le docteur, par ici!

— Marie-Pierre! Mon gas! Marie-Pierre!

Toujours criant, la voix vint du côté de la route. Le docteur poussa lui-même au-devant d'elle, jusqu'au tournant du bourg de Batz, où Biju fit un saut de mouton, en se trouvant nez à nez avec un grand fantôme qui sortit tout noir du marais blanc.

C'était une vieille femme, en cotillon court, la coëffe de travers, le front fouetté par des mèches grises échevelées, les yeux hors de la tête, et qui gesticulait étrangement. Elle dit tout de suite, sans reprendre haleine :

— Vous l'avez-t'-y vu, monsieur Cézambre, vous l'avez-t'-y vu, not' gas?

— Tiens, fit le docteur, c'est vous, la mère Marie-des-Anges! Est-ce qu'il lui est arrivé quelque chose, à votre gas?

— Il est perdu, quoi donc, il est perdu, pour tout dire.

Et elle se mit à crier vers les dunes :

— Eh! Marie-Pierre! mon gas! Marie-Pierre!

— Voyons, dit le docteur avec autorité, et en la prenant par le bras, voyons! mère Marie-des-Anges, soyez donc raisonnable. Expliquez-moi cela, sacrebleu! ça vaudra mieux que de vous égosiller inutilement.

Perdu? qu'est-ce que vous voulez dire? Perdu? Allons, contez-moi la chose. Nous le chercherons ensemble, après?

Alors la vieille, les nerfs brusquement détendus, s'appuya le front sur l'épaule du bidet, et se prit à pleurer en répétant :

— Mon pauv' gas! mon pauv' Marie-Pierre! Il y laissera ses os, bien sûr! Il y laissera ses os et son salut! Ah! mon Dieu! mon Dieu! mon pauv' gas!

Puis, d'une voix volubile et rageuse, elle narra que Marie-Pierre avait fait, elle ignorait comment, la connaissance d'une dame, nouvellement installée au pays, une Parisienne, un chiffon, un chien coiffé, dont il s'était rendu amoureux, l'enfant! Une drôle de particulière, d'ailleurs, qui ne venait jamais dans le Croisic et qui passait tout son temps à galopiner le long des grèves ou au flanc des roches, comme une chèvre. Et laide, avec cela! Tous ceux qui l'avaient aperçue n'avaient qu'un mot pour le dire. Elle était maigre et frétillante ainsi qu'une crevette. Des cheveux jaunes. Toujours vêtue en espèce de garçon. On lui voyait les jambes plus haut que le genou. Et c'est de ça que Marie-Pierre était possédé! Car il en avait dans la peau, le caillaud! Il n'en mangeait plus et n'en dormait plus. Quant au travail, bonsoir! Les journées lui filaient devant les yeux à ne rien faire, à galopiner, lui aussi, partout où prétentainait l'autre. Il la flairait et la suivait à la façon d'un chien traîné par le nez à la queue d'une lice. Il en était fou, quoi! Si ça ne donnait pas pitié, de voir une maladie pareille chez un pauv' petit gas de dix-huit ans! Et son dernier, vous savez, son seul restant de neuf, tous *péris à la mé* comme le père. Elle l'avait tant soigné, celui-là, tant sucré, pour tout dire, élevé dans du coton, par ma foi, avec serment à l'autel qu'il n'irait jamais sur la grande gueuse où étaient morts les autres! Elle le voulait garder auprès d'elle, sûrement, et auprès de sa fine cousine Annaïk Renaud, la fille d'Aimé Renaud, l'orpheline d'Escoublac, sa promise, qui n'avait non plus que dix-huit ans, et qui l'aimait bien aussi, et qui se désolait navrée maintenant par la démoniaque folie de Marie-Pierre. Car il y avait de la diablerie dans tout cela, n'est-ce pas, monsieur Cézambre? Un savant devait pouvoir expliquer pourquoi ce bout de femme, ce pou de sable, avait ainsi pris l'âme de Marie-Pierre, le plus beau petit gas de la côte, depuis le Croisic jusqu'à Saint-Nazaire, et si vertueusement éduqué, et si pieux. Harné! cette femme-là était une jeteuse de sorts, pour tout dire, peut-être bien une Kourigane, hein?

Le docteur avait laissé la vieille répandre tout à l'aise sa colère verbeuse. Il ne l'interrompit qu'à ce dernier mot, pensant qu'une discussion à la traverse pourrait détourner un peu ce torrent de plaintes.

— Une Kourigane! fit-il. Mais il n'y a plus de Kouriganes, ma bonne Marie-des-Anges.

— Ah! dit la vieille, vous êtes encore un mécréant, vous, sauf le respect que je vous dois. Et si ce n'est pas une Kourigane, donc, comment vous expliquez-vous la berlue de mon petit gas?

— Votre petit gas, reprit le docteur, est précisément comme les chiens dont vous parliez tantôt. Les hommes ont l'amour vers les dix-huit ans, ni plus ni moins que les chiens ont la maladie vers les six mois. Quant à la Parisienne, c'est une Parisienne en effet, et pas autre chose. Un laideron, possible! Un chien coiffé, sans doute! Qu'est-ce que ça fait, quand on a le premier poil sous le nez et que le sang vous travaille? On les aime comme ça tout aussi bien. Mais rassurez-vous, la mère. C'est un feu de paille qui ne durera pas.

— Ah! pardi, je l'ai cru comme vous, dans les commencements, quand Marie-Pierre se contentait de courasser pendant le jour après elle. Mais, quoi! voilà qu'il y passe la nuit à c't' heure! C'est la perdition, bien sûr.

Le docteur eut un gros rire bon enfant.

— Vous n'êtes pas raisonnable, dit-il, vous

ne vous rappelez pas votre jeune temps, la mère. Sacrebleu! la nuit est faite pour ces choses-là, voyons!

— Eh! interrompit aigrement la vieille, si ça le presse tant, qu'il épouse tout de suite Annaïk. Ni elle ni moi ne dirons que non. Mais qu'il ne fasse pas l'amour comme une bête, sans la bénédiction du bon Dieu! Oui, comme une bête! Car ce n'est pas dans la chambre qu'ils commettent le péché, pas même à la mode des chrétiens qui fautent, mais bien en plein air, à la mode des bêtes de nuit, et sous l'œil des saints anges qui les regardent de là-haut, par le trou des étoiles.

Et la vieille déblatérait avec des gestes tragiques et ses longs bras dressés vers le ciel. Elle ajoutait qu'elle était allée crier devant la porte de la maison qu'habitait la Parisienne, près de la baie des Bonnes-Femmes, et qu'on ne lui avait pas répondu, et que c'est pour cela qu'elle errait au bord de la mer, cherchant dans quel trou de Kourigans la diablesse cachait ses salauderies avec le petit gas.

— Ils ne vous ont pas répondu, dit le docteur, parce que vous les dérangiez. Mais ne perdez pas la tête pour cela, la mère. Allez, ils ne sont pas à se promener dehors, je vous en réponds. Ils sont au chaud, au gîte. Votre gas vous reviendra demain, un peu las, et voilà tout. Encore quelques nuits de la sorte et la gourme sera jetée. Plus c'est fort, moins ça tiendra. Si vous voulez m'en croire, retournez vous coucher. Vous vous rendez malade, à vous enrouer dans le vent du matin.

Mais Marie-des-Anges ne l'écoutait déjà plus. Elle était repartie par les salines, marchant à grands pas du côté de la mer. Et, tandis que Biju prenait allègrement le trot vers Guérande, le docteur entendit de nouveau la voix lamentable et furieuse qui recommençait à crier sur la dune :

— Marie-Pierre ! Marie-Pierre ! Où es-tu, mon gas ? Ohé ! Marie-Pierre !

III

Le lendemain soir, qui était un jeudi, le docteur, bien reposé, rasé de frais, ayant oublié les mélancolies de la nuit passée et même la rencontre de Marie-des-Anges, dînait chez le vieux comte Audren de Kernan des Ribiers, avec l'encore plus vieux chevalier d'Amblezeuille, et l'abbé Calvaigne, curé de Guérande.

Tous les jeudis, le comte réunissait ainsi à sa table son plus ancien ami, et, comme il disait, ses deux médecins, celui du corps et celui de l'âme. A la vérité, ses deux médecins ne lui servaient pas à grand'chose ; car, malgré ses soixante-cinq ans, il se portait à merveille, et, malgré sa fidélité à l'ancien régime, il ne donnait pas dans la dévotion. Aussi n'avait-il guère recours au docteur et au curé qu'une fois par an, au premier pour se purger vers la mi-mars, et au second pour son unique communion pascale. Ces deux devoirs remplis, il avait accoutumé de dire, en se frottant les mains :

— Me voilà encore récrépit pour douze mois.

D'autre part, son amitié avec le chevalier était assez singulière, puisqu'ils ne pouvaient s'entendre sur rien et ne parlaient qu'en discutaillant sans cesse, depuis bientôt un demi-siècle qu'ils se connaissaient.

N'empêche que ces soirées du jeudi leur semblaient à tous quatre fort agréables et la seule distraction possible à chacun dans ce trou de Guérande. Le comte était un bon vivant ; le chevalier un original ; le docteur tenait des deux, avec une pointe de philosophie plus sérieuse; l'abbé donnait raison à tout le monde et *liait* en quelque sorte la sauce de ces éléments divers.

Quand le docteur arriva, le comte et le chevalier étaient déjà en train de s'aguicher à propos du jeune vicomte Adelphe, le petit-fils de la maison, en ce moment à Paris, où il faisait depuis un an danser une ronde un peu bien folle aux écus de son grand père.

— Parfaitement, disait le comte, je lui ai coupé les vivres, et j'ai eu raison.

— Tu as eu tort, ripostait le chevalier. Ce n'est pas d'un gentilhomme, ni une chose à faire à un gentilhomme.

Gros, court de taille, la tête dans les épaules, sanguin, le comte avait la face pourpre et fourrageait violemment sa barbe blanche en collier. Petit, maigre, ratatiné, jaune, le chevalier parlait sec, crispant sa longue figure glabre, aux rides sans nombre, et faisant craquer les phalanges de ses doigts qui semblaient en buis.

— Voyons, docteur, s'écrièrent-ils tous deux à l'entrée de M. Cézambre, je vous prends pour juge.

— Vous avez tort tous les deux, répondit-il en riant, et je vous renvoie dos à dos.

— Eh! parbleu, non, fit le comte. Vous ne me persuaderez pas que je n'ai pas raison de couper les vivres à un gaillard qui m'a mangé vingt mille livres depuis un mois, quand je n'en ai que trente mille de rente.

— Sarpejeu, si, fit le chevalier, tu as tort. On ne laisse pas un des Ribiers sur le pavé, où il peut choir dans la crotte.

— C'est justement pour l'empêcher d'y choir, reprit le comte.

En ce moment entrait l'abbé, qui fut assailli par la même proposition d'arbitrage déjà faite au docteur.

— Vous avez raison tous les deux, conclut l'abbé, avant d'avoir rien entendu. C'est une question de nuances, j'en suis sûr; il n'y a qu'à s'entendre.

— S'entendre ! avec lui ! pas possible ! dirent à la fois le comte et le chevalier, chacun haussant les épaules avec une moue de dédain pour l'autre.

A table, la discussion continua, mais pour s'arrêter net avec un froid jeté, quand le comte, vraiment navré, avoua enfin qu'Adelphe poussait la folie jusqu'à vouloir épouser une gourgandine de là-bas, celle-là même pour les beaux yeux de qui vingt bonnes mille livres avaient passé en fumée. A la nouvelle des désirs matrimoniaux du jeune homme, le comte avait écrit, fait prendre des renseignements : il n'y avait pas à en douter, la future était une cocotte, ni plus ni moins, une rôtisseuse de balai. D'ailleurs, Adelphe lui-même ne s'en cachait qu'à moitié. Sa lettre, avec insinuation de mariage, parlait d'un *passé douloureux*, d'une *âme incomprise*, de *réhabilitation*, un tas de billevesées qui ont cours dans la morale contemporaine. Ah ! mais, pas de ça, Lisette ! Qu'on s'amuse, qu'on ait des maîtresses, qu'on soit même un bourreau d'argent, rien de mieux ! Il faut que jeunesse se passe.....

— Et vieillesse aussi, interrompit le chevalier. Car tu ne t'en prives guère, toi, bien que tu sois barbon.

— D'accord, répondit le comte. J'ai mes faiblesses. J'aime encore le cotillon, je ne m'en défends point, n'est-ce pas, l'abbé ? Donc j'excuse, à plus forte raison, la galanterie chez un jeune homme. Mais diantre ! il y a galanterie et galanterie. Et je n'admets pas qu'on la cultive au point de donner son nom à une femme galante. Ai-je raison, cette fois, oui ou non ? Ah ! ah ! d'Amblezeuille, te voilà le bec cloué, j'espère.

Et le comte ajouta qu'il avait aussitôt donné l'ordre à ce polisson d'Adelphe de regagner Guérande, et plus vite que ça. Une fois ici, on pourrait le chapitrer. L'abbé, son ancien précepteur, était là pour un coup, fichtre ! Et le cheval donc, et les promenades en mer, et la chasse aux mouettes ! Ah ! on lui ferait

2

mouiller des chemises, on lui battrait le sang, on le fatiguerait au grand air. Rien de tel que l'exercice pour vous mater un étalon. Pas vrai, docteur? Et puis, s'il lui fallait sacrifier à Vénus, eh bien ! qui l'empêcherait de trouver par-ci par-là un tendron, ainsi que disait le chevalier?

— Et justement j'ai son affaire, continua le comte avec un sourire et un clin-d'œil égrillards. Une petite femme comme il doit les aimer, une Parisienne. Il ne s'apercevra pas du changement. Allons, l'abbé, ne m'envoyez pas une grimace.

— Le fait est, interrompit le chevalier, que pour un grand-père si sévère, tu te mêles là d'une étrange fonction. Rappeler le vicomte sous prétexte qu'il court le guilledou, et lui servir ici de..... Frontin, tu m'avoueras que.....

Mais le comte avait sa façon de voir, et, malgré la lippe du curé et le haut-le-corps du chevalier, il n'en voulut pas démordre. Oui, depuis tantôt trois semaines, une femme charmante habitait le pays, près du Croisic ; une petite chiffonnette, d'allures gaies, de mœurs faciles sans doute, d'un abord peu farouche, en tous cas, à qui l'on pouvait se présenter soi-même, par l'entremise de monsieur le Hasard ou de madame la Promenade, sans plus de cérémonie.

— Tu en as donc tâté? fit d'Amblezeuille en pinçant les lèvres.

— Mon Dieu! oui, répondit le comte. En tout bien tout honneur, du reste....., jusqu'à présent, ajouta-t-il d'un air fat et comme s'il pirouettait sur un talon rouge. Un raccroc, au bord de la mer !

— Il me semblait bien aussi que tu chassais beaucoup la mouette depuis quelque temps.

— Pardon, monsieur le comte, dit le docteur qui avait dressé l'oreille pendant toutes ces confidences, est-ce que votre Parisienne ne demeure pas à la baie des Bonnes-Femmes?

— Précisément. Vous la connaissez aussi?

— Depuis cette nuit seulement.

Il y eut un oh! général, et l'abbé demanda si l'on allait entendre des bêtises. A quoi le docteur répondit que non, et raconta sa rencontre avec Marie-des-Anges. Évidemment c'était la même Parisienne qui avait ensorcelé Marie-Pierre.

— Eh! eh! dit le chevalier au comte, il t'a coupé l'herbe sous le pied, le petit gas! On dirait que ça te contrarie. Est-ce pour toi ou pour le vicomte?

Le comte, en effet, n'avait point dissimulé un froncement de sourcils en apprenant la nuitée de Marie-Pierre avec la Parisienne. Cela gênait ses plans, en somme. Au point de vue de son petit-fils surtout, il faut le dire. Il avait d'ores et déjà mitonné tout un roman dans sa tête, une guérison du vicomte par traitement homéopathique, partant de ce principe qu'en amour un clou chasse l'autre. A ce contretemps s'ajoutait, à l'insu même du vieux bon vivant, un peu de dépit personnel. Sous couleur de préparer les voies à la purge amoureuse de son petit-fils, il n'était pas sans avoir éprouvé quelque chose pour son propre compte, dans ses deux entrevues avec la Parisienne, la première par hasard, la seconde préméditée. Cette échappée de la grand'ville, avec ses gamineries d'écervelée, son nez moqueur, ses cheveux d'or frisottant jusqu'aux yeux, ses façons garçonnières, lui avait fait passer de petits chatouillements le long du dos. Il y parut, au portrait qu'il en traça, sur la demande du chevalier.

— Mais elle est charmante, dit-il, un vrai bijou, comme on en fabrique dans ce satané Paris, qui s'y entend. Une frimousse pas plus grosse que le poing, mon cher, ce que tu appelles un minois fripon, quoi ! Et le corps mignard, déluré, peut-être maigre ; mais on ne s'en aperçoit pas. Toute en nerfs et en poivre, voilà l'effet qu'elle m'a produit, rendu de mon mieux. Telle quelle, exquise, je te le répète, un vrai bijou.

— Ce n'est pas ce que m'a dit Marie-des-Anges, fit le docteur. A l'en croire, c'est un laideron. Il me semble bien me rappeler qu'elle la comparait à une crevette, et même à un pou de sable.

— Une crevette! ah! très drôle, s'écria le chevalier. Une crevette! Et un pou de sable! Parbleu! mon vieux Kernan, tu as de singuliers goûts!

— Je vous jure qu'elle est parfaite, riposta le comte. La Marie-des-Anges est une vieille folle. Je m'y connais, que diable! La petite est divine, je vous dis, là, divine, êtes-vous contents?

— Ah! monsieur le comte, fit le curé avec un gros soupir, le cotillon vous perdra, toujours, toujours.

Et le soir, en s'en retournant, le chevalier ricanait d'un air goguenard, et répétait au docteur, avec de joyeux craquements des phalanges :

— Il en tient, allez, le vieux coureur,

c'est moi qui vous le dis. Il a du plomb dans l'aile. A son âge, si ce n'est pas honteux! Une crevette... ah! très drôle, très drôle! Un pou de sable! c'est impayable. Bien fait pour lui! Il ne m'écoute jamais. Amoureux d'une crevette! d'un pou de sable!

IV

En réalité, ni le comte ni Marie-des-Anges ne se trompaient dans leurs portraits, si différents pourtant, de la Parisienne. Elle était vraiment aussi laide que le disait la vieille, aussi attrayante que le prétendait l'autre.

A première vue, c'est la laideur seule qui frappait. Il n'y avait point de doute possible, pensait-on, devant ce *facies* blême troué de deux yeux ternes jusqu'à en paraître éteints, devant ce front bombé, mal couvert par les boucles d'une tignasse évidemment teinte en jaune, devant ce nez d'un camard insolent, aux ailes trop retroussées et criblées de tannes, devant cette bouche en coupure saignante.

On n'avait même pas envie de dire, comme on a coutume envers les femmes à figure défectueuse :

— Elle n'est pas jolie, mais elle est si bien faite.

Le corps, en effet, ne rachetait point par la pureté ou l'opulence des formes la mauvaise impression de cette tête ingrate. Malgré ses trente ans prochains, il était resté maigrillon, anguleux, comme celui d'une pensionnaire mal nourrie et minée de secrètes luxures. Le cou grêle s'emmanchait durement au-desssus de deux salières où s'accumulait l'ombre. Les bras eux-mêmes, que la maturité arrondit et capitonne chez les plus sèches et jusque chez les vieilles filles, demeuraient fuselés et sans grâce, avec le coin de l'épaule un tantinet montant et le coude irrémissiblement pointu. Sur les hanches étroites, le buste se dressait d'une venue, tout à fait plat par devant, et bossué par derrière de deux petits monticules à l'arête des omoplates, si bien que la poitrine semblait sens devant derrière. Seules, sous la croupe ravalée et le ventre de limande, les jambes pouvaient passer pour belles; jambes de garçonnet, d'ailleurs, mais dont la cuisse un peu creuse, le genou saillant, la cheville menue et le mollet attaché haut avaient une sveltesse élégante.

Et cependant, malgré tous ces défauts, ou peut-être à cause d'eux, la créature attirait le regard et le retenait; et de cette laideur émanait un charme singulier, indéfinissable, irrésistible pour quelques-uns.

Toute en nerfs et en poivre! Le mot du comte était juste. Avant lui déjà un homme d'esprit avait ainsi formulé sur elle l'opinion des connaisseurs :

— C'est un paquet de nerfs agacés et agaçants.

Et comme une mauvaise langue ajoutait :

— Un paquet d'os, surtout.

— Soit! avait riposté l'autre. Elle a des

salières, c'est vrai; mais il y a du Cayenne dedans.

C'était bien autre chose encore, quand, au lieu de la voir simplement, on la regardait et on l'écoutait vivre. La conversation, la discussion, le caprice, le papotage, la linoterie voulue, l'imagination toujours en éveil, animaient et transfiguraient alors ce masque. Le front bombé s'illuminait de volonté tenace. Sous l'or faux de la chevelure, on remarquait les épis touffus et rebelles. Les minces lèvres rouges hachaient et tortillaient les phrases et vous les envoyaient souples et vibrantes ainsi que des morceaux de serpents qui chatoient au soleil. L'œil terne prenait des teintes glauques semblables à celles de la mer quand il va tonner. Le nez avait des gamineries de museau de singe. Et le corps disgracieux trouvait lui-même sa grâce, comme l'acier raide a son élasticité. Grâce de singe, aussi, sans doute, avec ses mouvements brusques, ses détentes, ses gestes trop reployés, ses langueurs mièvres où l'on sent sommeiller des désirs de cabrioles. Grâce équivoque, en même temps, moins de femme que d'hermaphrodite, et qu'on n'osait pas analyser. Par cela, d'autant plus forte.

On comprend l'appétit qu'un tel ragoût excitait chez beaucoup d'hommes. A cet espoir de piment s'alléchaient surtout les palais blasés et les palais novices. Et il faut croire que le régal avait ce qu'on appelle du revenez-y ; car ceux qui en tâtaient ne s'en rassasiaient point.

A vrai dire, ils étaient nombreux, et son petit hôtel de la rue de Prosny n'exigeait pas un bien difficile *sésame-ouvre-toi*. Comme dans les tripots, il suffisait, pour y entrer, de montrer non pas patte blanche, mais patte qui graisse. En cela, elle était fille jusqu'aux moëlles, tant, qu'elle ignorait même les toquades, ce revers de la médaille pour les courtisanes. Donnant, donnant, elle n'admettait pas d'autre loi. Nouvelle force !

On ne lui connaissait seulement pas de

protecteur attitré. Elle professait que c'était encore là une façon de chaîne. En argot d'affaires, en termes *pratiques*, elle disait avec un sourire :

— Pas de bailleur de fonds ! Des actionnaires, à la bonne heure ! Les banques prospères sont les anonymes, avec tout le monde pour commanditaire ! Moi, je suis de mon temps.

Résultat : au lieu d'un maitre ou même d'un esclave unique, elle avait tout un troupeau d'affamés d'amour à ses trousses. Tantôt l'un, tantôt l'autre attrapait un bout de pâtée. Aucun n'avait la niche. Tous gardaient la fringale aux dents. Une fois acoquiné à son salon, amorcé à son alcôve, on ne pouvait pas ne pas y retourner. Autant d'heureux, autant d'éternels désireux.

A plus puissante raison, si l'on songe que, tout en se donnant, elle ne se livrait jamais. C'était encore là son meilleur secret de séduction. Impossible de la dessaisir d'elle-même.

Toujours un je ne sais quoi vous échappait en la possédant. Et, ce je ne sais quoi, on l'attendait toujours. Elle savait l'art de vous y faire toucher presque, mais presque, et pas plus.

— Elle n'a rien, rien de rien, disait d'elle un de ses familiers, et l'on espère sans cesse qu'on va voir le fond de ce rien.

Un autre, plus brutal d'observation, avait ainsi défini l'attirance qu'elle exerçait quand même :

— Avec elle, en amour, c'est comme au bac avec un grec : on court après son argent.

On pense si, à ce jeu, la cagnotte s'engraissait. Ajoutez que cette ratisseuse de louis avait l'ordre d'une ménagère, et non les foucades d'une rôtisseuse de balai. Fantasque, oui, mais non fantaisiste. Pas même ces échappées de folie que le luxe donne aux filles ordinaires, parties d'en bas, grisées par l'or. Non plus ces gaspillages propres aux femmes tombées d'en haut, et qui se font des tapis de papier Joseph pour se cacher leur boue nouvelle. Celle-ci n'était à coup sûr ni partie d'en bas ni tombée d'en haut. Aucun roman ne se lisait dans son passé, entre les lignes de son présent. On eût dit une petite bourgeoise, rompue aux affaires, et qui se serait mise à se débiter elle-même au lieu de débiter des marchandises quelconques derrière un comptoir.

— Je suis de mon temps, répétait-elle pour toute explication aux curieux qui trouvaient étrange ce prodigieux banal.

Et elle avait raison. Des chercheurs, des gens d'esprit, pour caractériser son charme, avaient imaginé les métaphores de tout à l'heure, les phrases en tronçons de serpent, le regard teinté comme une mer avant l'orage, la grâce simiesque, un tas de bourdes poétiques! Vrai, peut-être, tout cela! Mais plus vrai encore ceci : on l'aimait pour l'amour même du gris, du terne, du rangé. Celui qui le mieux de tous avait mis le doigt sur le grand ressort de cette puissance, c'est l'homme qui avait dit simplement :

— Débauche pot-au-feu !

Mais à quoi bon tant d'analyse?. Le fait était là, flagrant, indéniable : à savoir que cette femme représentait une force, un aimant, attirant les cœurs, les sens et les portefeuilles, et ne les lâchant plus quand elle les tenait. Force d'autant plus grande qu'elle était consciente. Car la gouine signait bravement ses lettres de ce véridique nom de guerre « LA GLU » et son cachet portait en exergue cette devise significative : *Qui s'y frotte s'y colle.*

V

Le même jeudi soir où le docteur dînait chez le comte, les oreilles de la Glu durent diablement lui corner ; car on parla d'elle aussi chez la mère Marie-des-Anges, et d'un bout du jour à l'autre.

Toute la nuit, malgré le conseil de M. Cézambre, la vieille avait continué à vagabonder lamentablement, tantôt autour de la maison toujours sourde et silencieuse, tantôt le long des grèves, encore plus criardes et plus dolentes qu'elle-même. Vingt fois pour le moins elle avait obstinément recommencé sa course de chienne de berger, depuis la baie des

Bonnes-Femmes jusqu'au trou des Kourigans, sans jamais cesser de glapir et de s'enrouer dans la brise crue et dans le fracas de la marée déferlante.

Enfin, au matin, comme l'Angelus tintait, elle était rentrée bredouille de sa chasse nocturne, les jambes rompues, les yeux brouillés de larmes, son corsage mouillé de sueur, ses cottes fripées par l'embrun de la mer et l'eau des flaques.

Au logis, Annaïk faisait tristement le ménage, d'une main lente au geste machinal, les paupières rougies, l'estomac serré, sans même se laisser distraire au sublet joyeux de maître Nicolas, le merle familier qui sautillait si allégrement dans sa cage de bois, en sifflant le vieil air de matelot :

> Jusqu'au revoir, la belle,
> Bientôt nous reviendrons.

— J'ai l'âme *désâmée*, Naïk, dit la vieille en entrant.

Puis elle embrassa la fillette, et toutes deux sanglotantes allèrent s'asseoir sous le manteau de l'âtre. Du coup maître Nicolas interrompit sa chanson, surpris de n'entendre pas le bonjour matinal de la vieille, qui d'ordinaire venait l'agacer de quelques paroles caressantes, à quoi il répondait en faisant le beau, roulant son petit œil noir, ouvrant toute large sa queue et frissant des ailes pour gagner sa *miotée* de pain au lait et sa *pierre* de sucre. Ce matin-là, il n'ouït qu'un lugubre silence déchiré de sanglots, et son turlututu lui en resta brusquement à mi-gorge.

Au bout d'un temps assez long, il se remit enfin à susurrer, mais tout bas, comme s'il n'osait point, et le gai refrain prit de la sorte un air lointain et mélancolique. On eût dit que d'une barque déjà disparue à l'horizon venait cet adieu sifflé, presque moqueur :

> Jusqu'au revoir, la belle,
> Bientôt nous reviendrons.

— Tais-toi, Nicolas, tais-toi, fit la vieille. Il ne reviendra plus, not' gas, mon Nicolas, il ne reviendra plus, puisqu'il n'est pas revenu d'hier. Il est à sa perdition, pour tout dire.

Et elle raconta, navrée, à la pauvre Annaïk, comment elle avait erré en vain toute la nuit, et qu'elle n'avait trouvé rien, et que le docteur Cézambre avait beau en savoir et en savoir, elle aussi en savait, et que Marie-Pierre était pris par un *sort*, bien sûr, pour courauder ainsi aux heures noires comme un chat en mal d'amour, et pour en oublier sa petite Naïk, sa vieille mère, son Nicolas et son salut.

— Harné! dit Annaïk, avez-vous bien regardé dans le trou des Kourigans, la mère? Avez-vous bien écouté au pertuis de la Goule?

— Oui-dà, Naïk. Mais je n'y ai vraiment rien vu que les ténèbres d'enfer qu'on y voit, même en temps de lune, et je n'y ai rien entendu que les paquets de mer cognant contre la roche et les jurements du vent au long des couloirs. Tu sais bien que les Kourigans se taisent de rire quand ils sentent venir un chrétien.

— C'est vrai, répondit Annaïk. Et dans la maison là-bas, alors, il n'y avait pas tant seulement une clarté?

— Ni clarté ni bruit, Naïk. On se serait cru au champ d'avoines, parmi les croix des nôtres *péris à la mé*. Oh! il n'était pas là, malgré ce qu'en pense monsieur Cézambre. Il n'était pas à la maison, j'en réponds. Elle l'avait emmené à la course de nuit, à la folie des fées, va, pour tout dire. On ne m'ôtera pas cela de l'idée.

— A moi non plus, fit Annaïk. Vous avez raison, la mère, ce n'est pas une femme, ça; c'est une Kourigane.

Et la petite se signa dévotement, après avoir resserré un peu sa guimpe et ramené sur son front sa coëffe, comme pour être plus recueillie en son costume sévère au moment qu'elle ferait le geste sacré

Les pauvres gens ont heureusement
la douleur un recours forcé qui est
vail. Aussi la matinée ne se passa-t-(
toute à gémir, à cause du poisson qu'
vendre et des boîtes à homards qu'
vider ou remplir au port vieux. I
grin ne reprit ses droits qu'au dîner
les deux femmes se retrouvèrent seules
l'âtre, sans le gas attablé, bien que
eût fait à son intention expresse une
soupe de congre aux six herbes. Elles
la manger en face de son assiette vide,
gros, tandis que le merle accompa
bruit des cuillères de sa cantilène iror

Au tournant du soleil d'après-midi,
n'y put tenir, et s'en alla encore une
baie des Bonnes-Femmes, puis au tr
Kourigans. Mais, pas plus à la lum
soleil qu'à celle de la lune, elle ne v
La maison restait toujours silencieus
blable à une maison morte, avec ses
vents fermés comme des paupières cl

sur les roches et le long des grèves, l'obstinée ne rencontra que les deux douaniers de la côte et les corbeaux de mer au noir présage.

Quand elle revint, Annaïk lui rendit pourtant un peu d'espoir, en lui rappelant que c'était aujourd'hui jeudi, et que sans doute Marie-Pierre ne voudrait pas manquer sa veillée de musique.

Ce jour-là, en effet, ainsi que le dimanche, c'était fête d'ordinaire pour le gas. Le vieux père Gillioury, dit *Bout-dehors*, venait souper chez eux, avec son *banjo;* Marie-Pierre tirait de l'armoire son crin-crin; et tous deux, l'un pinçant, l'autre râclant les cordes, ils jouaient et chantaient les airs du pays, les polkas rapportées de Saint-Nazaire, et surtout les vieilles complaintes de *mathurin*, que le père Gillioury avait apprises pendant cinquante ans de navigation.

Dimanche dernier encore, quoique le gas fût déjà en humeur sombre, et malade de sa folie, il n'avait pas résisté au plaisir coutumier de faire sa partie de violon pendant que *Boutdchors* grattait, tapait et secouait sa longue guitare de nègre, au manche grêle, au ventre de calebasse.

Un si brave compagnon, en outre, ce père Gillioury, toujours content de tout, et même de son sort, avec les cent quatre-vingts francs de rente que lui faisait le gouvernement pour un demi-siècle de service ! Personne comme lui ne savait chanter les interminables chansons de quart. Personne non plus ne lui en remontrait pour le gabarit des petits bateaux taillés dans une bûche, armés de tous leurs agrès. Et, à dix lieues à la ronde, on se disputait ses pipes sculptées dans des pinces de homard. Quant au violon et au *banjo*, passé maître, tout bonnement, au point qu'on lui disait souventefois :

— Allez donc un jour à Nantes, dans les cafés, vous gagnerez de l'or *gros comme vous*.

Mais il aimait son Croisic, le vieux, et, quand on lui parlait de finir ses jours ailleurs et d'être enterré autre part qu'au champ d'avoines, deux grosses larmes roulaient dans les plis de sa face en pomme cuite.

— C'est drôle, faisait-il alors, je suis borgne d'un œil et je pleure des deux.

Car il était borgne le père Gillioury, et aussi un peu bancal, mais vigoureux tout de même et solide au poste, en dépit de ses soixante et onze ans. Et de bon conseil, surtout! Non qu'il fût très bavard, à moins qu'il n'eût bu un coup de trop et ne se sentit le vent en poupe. Le reste du temps, autant il chantait long, autant il parlait court. Un peu bien marin, parfois, et pas clair pour les *terriens* en son langage de bord. Mais de bon conseil, oui. Il prenait d'ailleurs son temps pour réfléchir, et ne donnait son avis qu'après avoir remonté sa lippe jusqu'au bout de son nez en faisant danser sa prunelle unique, jaune comme un centime neuf.

— Je lui dirai de causer avec le gas, vois-tu, Naïk, je lui dirai ça, répéta la vieille, et il saura lui trouver des raisons. C'est vrai, ce que tu penses, que Marie-Pierre se souviendra de la veillée de musique. Il va venir, bien sûr, il ne peut pas manquer maintenant.

Quand Gillioury arriva, on lui apprit donc la chose, et Marie-des-Anges lui versa d'abord un bon verre de tafia, histoire de faire un trou à l'appétit, tout en l'endoctrinant sur ce qu'il fallait dire au gas : que c'était une cruauté de donner ainsi de la peine à sa promise, de ne pas songer à sa mère et d'oublier la brave honnêteté du bon Dieu pour une mauvaise femme, sorcière et folle, harné! ni plus ni moins qu'une Kourigane, avec laquelle il n'y avait au bout des choses que la perdition certaine du corps et de l'âme, pour tout dire.

Le père Gillioury opinait de la tête, tout en sirotant son tafia. A tout moment il poussait sa lèvre contre son nez avec des airs entendus, et jamais sa prunelle n'avait dansé plus vite.

— Compris, la mère, compris, faisait-il. Bien sûr que je lui dirai tout ça, et puis encore tout ça. Ah! nòt' gas! il en avalera, vous savez, de la morale. Foi de *Bout-dehors*, il aura de la garcette, allez! Saille de l'avant! Attrape à regarder clair! Attends!... C'est comme dans la chanson, pas moins. Vous la connaissez bien la chanson des coureurs, la *dérobée* de Loudéac?

Et, frôlant du dos de sa main poilue les cordes de son *banjo*, il fredonna en sourdine :

> Voulez-vous savoir l'histoire
> D'un p'tit couturier?
> Voulez-vous savoir l'histoire
> D'un petit couturier,
> Qui s'en va voir les filles bien tard après souper?
> Ritinton, tinton lalirette,
> Ritinton, tinton laliré.

Mais il ne continua pas, comprenant qu'une chanson, même à mi-voix, sonnait faux avec la parole dolente de Marie-des-Anges, avec les soupirs étouffés d'Annaïk.

Cependant, l'on attendit encore longtemps le gas, et, comme il ne venait toujours point, on finit par se mettre à table, l'espérant au moins pour la veillée. Et la veillée aussi se consuma peu à peu, sans rien amener de nouveau, tandis que la vieille, délayant lentement sa douleur en bavardage, se dégorgeait à l'aise de ses colères contre la Parisienne, que le père Gillioury écrasait imaginairement de temps à autre en cognant ferme sur la table. Mais quand l'horloge haute tinta onze heures, comme le gas ne revenait pas plus qu'hier, un accès de rage remonta au cœur de la pauvre femme.

— Ah ! je le veux voir, s'écria-t-elle, je le veux voir, mon gas. Il faudra bien que je le trouve, enfin, si le bon Dieu est juste.

— Il le faudra, dit le vieux matelot en clignant de l'œil. Il le faudra ; car toute chanson a son air et tout vent mène sous le vent.

Alors Marie-des-Anges entraîna dehors le père Gillioury pour qu'il vînt avec elle faire de nouveau les cinq cents pas désolés, de la baie des Bonnes-Femmes au trou des Kourigans. Il remonta plus furieusement que jamais sa lippe, quand la porte, toute large ouverte, lui envoya au visage une bouffée de noroît et comme un paquet de ténèbres.

— Bon sang! dit-il, le ciel est comme un prélart goudronné. Et quel vent! si la *mé* ce soir était du lait, ça en ferait du beurre.

Mais il se lança tout de même à travers la nuit épaisse, claudicant avec son *banjo* en bandoulière, à la suite de la vieille qui secouait dans l'ombre la lumière de sa lanterne de corne. Et, comme elle marchait à grands pas, il se donna de l'âme aux jarrets, ainsi qu'il disait, en marmonnant du coin des lèvres la complainte des *Démâtés* :

>   Un' brise à fair' plier l'pouce,
>   Rigi, rigo, riguingo,
>   Avec le cœur en gargousse,
>   Rigi, rigo, riguingo.
>   Ah! riguinguette!

Mais en vain ils crièrent tous deux et devant

la maison toujours muette et sur la côte toujours déserte; et en vain il poussa lui-même, d'une voix de tête suraiguë, le vieux refrain de manœuvre qui s'entend de si loin :

Harné! les gas! ohisse! holla!

Rien ne répondit à leurs appels que le vent allait briser dans le fracas des vagues et l'ironique écho des roches.

— S'est-il donc noyé, lui aussi, comme mon homme et mes autres gas? disait la vieille. Est-il donc perdu à la *mé*?

Et elle s'avançait au bout des caps, appelant son fils dans l'immensité noire, élevant sa lanterne dont le reflet furtif dansait et tremblotait à la pointe des lames couleur d'encre.

Elle ne rentra qu'à minuit passé, exténuée de fatigue et de désespérance, n'ayant plus même la force de pleurer.

— J'ai pourtant ouvert l'œil, et le bon, fit le père Gillioury en plissant sa paupière sur sa prunelle de chat, pour répondre à la silencieuse interrogation des sanglots d'Annaïk.

— Et toujours rien? soupira la fillette.

Il hocha la tête, haussa son *banjo* qui lui tapait dans les jambes. Puis, ne se sentant rien à dire devant tant de douleur, il se sauva de guingois comme un crabe.

Pendant ce temps Marie-des-Anges, hébétée, rendue, s'était jetée toute vêtue sur son lit en poussant un dernier ahan de rage, si bien que maître Nicolas, réveillé en sursaut, ébouriffa ses plumes, claqua du bec, et, à moitié endormi encore, se mit à siffloter machinalement :

Jusqu'au revoir, la belle,
Bientôt nous reviendrons.

VI

Le docteur avait bien eu raison, l'autre nuit, en disant à Marie-des-Anges que le gas était au gîte, au lit, et que, si la maison de la baie des Bonnes-Femmes était restée sourde aux cris de la vieille, c'est que la vieille dérangeait les amoureux. La pauvre femme cherchait vraiment midi à quatorze heures, de s'aller imaginer des histoires de l'autre monde et des sorcelleries de Kourigane pour expliquer la folie de Marie-Pierre. La réalité était beaucoup plus simple, mais plus terrible aussi, et l'infortunée mère eût souffert davantage encore de la connaître. Quel coup de couteau en plein cœur, si elle avait su que son gas avait entendu les navrants appels lamentés devant la porte, et même avait regardé au travers des persiennes, avait vu le fantôme dolent aux gestes tragiques, fouetté par le vent de mer, secoué par les sanglots, et qu'il avait pu contempler la malheureuse affolée et hurlante comme une louve en quête de son petit volé, et que malgré tout il était demeuré insensible et n'avait pas répondu !

Et pourtant, il aimait fort son *ancienne*, le petit gas, et ce n'était point un méchant garçon. Il n'ignorait pas combien elle l'avait toujours adoré, soigné, choyé, *tant sucré, pour tout dire*, comme elle s'en vantait si doucement. Et lui-même passait pour le modèle des bons fils, aussi bien qu'elle pour le modèle des bonnes mères. Malgré la liberté grande qu'elle lui laissait ainsi qu'à un homme quasi maître de maison déjà, malgré le poil qui commençait à lui duvetir sous le nez, il ne lui avait jamais fait la moindre peine, à la façon des autres gas qui se sentent venir le sang aux oreilles, et qui en abusent pour courir dorénavant le cabaret et déserter les saints offices. Lui, comme au plus jeune âge, on le voyait encore suivre la cotte maternelle, les dimanches et fêtes, jusqu'à l'église. Et tous ses *dérangements* se bornaient à boire, de loin en loin, une bolée de cidre avec *Bout-Dehors*, quand le soleil d'été tapait trop dur sur le quai du port vieux, quand le travail vous salait la gorge.

Annaïk aussi, sa *fine* cousine, sa promise, il l'aimait bien. Quoiqu'il fût beau gas et reluqué des filles, il n'était pas fillaudier. Il n'allait pas le soir, comme les autres farauds, chercher des mots doux et de furtives embrassades dans les allées obscures du mont Esprit. Non plus on ne le rencontrait embusqué aux portes de la raffinerie, s'allumant aux chansons, aux verts propos, aux bras nus, aux fichus dénoués des sardinières. A aucune, même des plus belles, il ne trouvait la joliesse timide, caressante et familière de la petite Naïk.

Jamais il ne se sentait si heureux qu'au logis, entre la douce jeunette et la bonne vieille, faisant assaut d'affections et de prévenances ; et il n'aurait pas *changé de sort avec l'Empereur des sept îles et autres lieux*, quand, le souper fini, après avoir donné une pierre de sucre à maître Nicolas, il se dandinait sur sa chaise basse, devant le feu, la poitrine chaude d'un petit verre de tafia, et le ventre bien lesté d'une soupe de congre, ou d'un homard avec des oignons au vinaigre. Si, par surcroît, c'était le jeudi ou le dimanche, et que le père Gillioury fût là, grattant son *banjo*, tandis que Naïk tirait le violon de l'armoire, alors Marie-Pierre méprisait absolument l'*Empereur des sept îles et autres lieux*, et il avait coutume de dire :

— Harné ! on n'est pas plus *ben aise* que nous en paradis.

Et donc, c'était pour de vrai un bon petit

gas. Mais quoi ! lorsque l'amour vous est entré sous les sourcils, et que la folie de la chair vous travaille la cervelle, il n'y a plus rien qui tienne là-contre. C'est comme si l'on était pris de vin, disait la chanson, et il faut s'attendre à tout avec un mâle en ribote.

Tout de même, Marie-Pierre avait senti un grand froid lui venir au cœur, en entendant, au milieu de la première nuit, la voix de l'ancienne qui glapissait à la porte. Un bon mouvement d'instinct l'avait fait se dresser sur son séant, et rejeter la couverture pour courir d'abord à la fenêtre, afin de rassurer d'un mot la pauvre âme en peine. Mais la Glu n'avait eu qu'à lui toucher le bras, du bout des doigts, et il était resté collé au lit, comme un fer à l'aimant.

Les cris alors avaient redoublé, plus proches et plus distincts, et, dans le silence de la chambre, la poitrine de Marie-Pierre avait battu clair et dru, haletante en soufflet de forge, tandis qu'un tremblement lui secouait tous les membres.

— Qu'est-ce que tu as, mon ange? avait dit la femme, d'un ton très bas, mais impérieux tout ensemble.

Marie-Pierre avait répondu, plus bas encore, et sans oser continuer le tutoiement :

— N'entendez-vous pas que ma mère me cherche et m'appelle?

— Eh bien! avait répliqué l'autre, et puis après?

— C'est mon *ancienne*, et qui m'aime tant !

— Est-ce que je ne t'aime pas aussi, moi?

Et la femme avait attiré contre elle la main inerte du jeune homme, dont la paume tressaillit soudain au contact enfiévrant de la peau tâtée dans l'ombre. Du coup, il s'était replongé dans le lit, la tête sous l'oreiller, pour ne plus entendre les lamentations maternelles, et toute sa piété filiale s'était vaporisée parmi les chauds aromes de la femelle et la sueur capiteuse de son propre désir.

Plusieurs fois dans la nuit la scène s'était

renouvelée, et chaque fois sa volonté plus faible avait fait moins de résistance; mais chaque fois aussi le brusque coup du remords avait été plus poignant. Il fallait toute la soûlerie sensuelle où il se noyait, pour qu'il se rendît à tant de lâcheté.

Vers le matin seulement, la force des caresses n'ayant plus la même prise, son corps aveuli avait pu ne pas céder à l'attirance de l'aimant où il était retenu, et il s'était levé enfin. C'est alors que sa lâcheté but le dernier fond de la lie amoureuse. Car il avait fui le lit jusqu'à la fenêtre, et là, par un rais de lumière du contrevent, il avait vu sa mère, telle qu'une nuit de désespoir l'avait faite, la face grippée de larmes amères, les bras tremblants, ses pauvres vieilles jambes si lasses la soutenant à peine, et il avait reçu comme en pleine figure les cris déchirants qu'elle poussait contre la maison sourde. Il n'avait qu'à hausser sa main jusqu'à l'espagnolette, et il allait lui rendre la joie, la vie, en répondant :

— Ne pleure pas, la mère, ton gas n'est pas perdu, le voici !

Mais sa main n'avait pas bougé; la bonne réponse s'était arrêtée dans sa gorge; il avait continué à regarder stupidement. Et pourtant, cette fois, la femme n'avait rien dit pour le retenir, et ne l'engluait même plus de son toucher. Il avait seulement perçu, du côté de l'alcôve abandonnée, un vague petit rire étouffé sous les draps; et à l'instant le cruel spectacle de sa mère errante et désolée, et aussi le remords de la laisser là, et la vision du logis désert, avec Naïk en pleurs et maître Nicolas oublié, et les chères veillées de musique, et le destin plus doux que celui du *grand Empereur des sept îles et autres lieux*, et l'enfance choyée, *tant sucrée*, et le renom de bon fils, et le salut, et tout, tout s'était évanoui subitement au bruit de ce vague petit rire, si bien que le gas était revenu à sa geôle charnelle comme un chien battu rentre à la niche.

L'après midi, quand Marie-des-Anges avait

recommencé sa chasse, les deux repus d'amour dormaient, las de la nuit blanche, dans la maison toujours close. A peine si on l'entendit, au milieu des rumeurs du jour; et d'ailleurs l'âme hébétée du jeune homme avait définitivement bu toute honte, et cuvait trop lourdement cette ivresse pour y pouvoir reprendre conscience. Même, le seul sentiment qu'il eut alors, fut un sentiment de colère égoïste contre la malencontreuse qui venait le réveiller, quand il avait le corps si recru d'épaisse fatigue, si affamé de plein repos.

Ah! la pauvre Annaïk s'était bien trompée, en pensant ce soir-là que le gas se rappellerait au moins la veillée de musique, et entendrait au fond de lui les accords du *banjo* et l'écho des chansons coutumières. Il n'en avait pas eu la plus vague souvenance. Etait-ce jeudi ou un autre jour, que lui importait? Et savait-il seulement si *Bout-Dehors* chantait ou non? Et maître Nicolas était-il un merle ou un oiseau de rêve? Son esprit engourdi n'y songea pas une minute.

La réalité, c'était ce repas d'amour, dont la table à peine desservie s'offrait derechef, dressée encore, et comme toute fraîche, avec des mets inépuisés, devant sa fringale renaissante après le somme réparateur de la journée ! Que lui faisait le reste, auprès de ce paradis nouveau ? Il lui avait semblé vivre au milieu d'un monde féerique, où tout le passé mort n'avait plus de place, quand il s'était réveillé au crépuscule, dans cette chambre habitée depuis trente heures déjà, parmi les relents d'un déjeûner mangé au lit, les effluves flottants d'une nuitée de chair, et les légers parfums des eaux de toilette, qui s'évaporaient lentement.

— As-tu bien dormi, ma petite cocotte ? lui avait dit la femme, en lui coulant ses mains froides dans la poitrine, qu'il avait tiède et moite.

Et cette caresse glacée lui avait redonné des frissons de désir, et cette voix, un peu éraillée encore par les hoquets d'amour, lui avait semblé celle d'un ange, avec ces mots de tendresse banale qui, pour lui, parlaient une merveilleuse langue inconnue.

Aussi, quand après la mi-nuit passée, au plus fort de sa ribote en récidive, il avait entendu de nouveau les cris désespérés de Marie-des-Anges, il avait eu cette fois une révolte furieuse contre cette trouble-fête, et avait sourdement grogné un juron. Contre *Bout-Dehors* aussi, ce vieux borgne qui se mêlait de ce qui ne le regardait pas! En voilà des aboyeurs, qui ne pouvaient pas laisser les gens tranquilles! Et cette Annaïk, qui sans doute les envoyait, quelle sotte, quelle *bédigasse!* Harné! on était un homme, que diable! Et, comme la femme s'impatientait un brin de ces *scènes agaçantes*, le gas avait montré le poing à la fenêtre en disant :

— Credieu! c'est vrai tout de même, ils nous embêtent, à la fin.

VII

Pour en arriver à ce paroxysme d'amour qui lui faisait traiter ainsi son *ancienne*, il n'avait pas fallu à Marie-Pierre plus de quinze jours. Et cela, selon le juste dire du docteur, lui était venu tout à fait comme aux chiens la maladie, lui mettant soudain le sang, et les sens, et le cœur même, à l'envers.

Et pourtant, la première fois qu'il avait rencontré la Parisienne, du diable s'il avait songé tout d'abord à autre chose qu'à s'en esclaffer. Quoique habitué aux laideurs baroques et aux toilettes de carnaval que les bains de mer amenaient chaque année à l'*Etablisse-*

ment, jamais plus ridicule apparition, pensait-il, ne lui avait crevé les yeux. D'autant plus grotesque d'ailleurs, qu'à cette époque de la fin de mars la plage était encore déserte. Dans la nature rendue à sa sauvagerie et à sa simplicité, cette figure artificielle et solitaire détonnait étrangement, en note fausse et criarde. A coup sûr Marie-Pierre était incapable d'analyser ce défaut d'harmonie ; mais de le sentir, non pas. Cela le choqua d'instinct, et de ce choc jaillit irrésistiblement le rire.

C'est sur le grand Autel qu'il avait rencontré pour la première fois la Parisienne. Or, aucun décor n'était aussi peu approprié à une semblable rencontre.

Rien de plus tragique que ce coin de la côte croisicaise ! La terre a jeté là au milieu des vagues, comme pour essayer follement de les écraser, un éboulis de rocs en chaos, roulés pêle-mêle, les uns taillés ainsi que de gigantesques cristaux, les autres tout ronds en manière de galets monstrueux, quelques-uns longs, dardant, plantés droit, pareils à des poignards de granit dont la pointe giclerait du dos de l'Océan. Tout à l'avant-garde, incrusté dans l'eau, frangé d'écumes, tel qu'un diamant noir dans des ciselures d'or vert et d'argent, le grand Autel étale sa plate-forme auguste d'où l'on ne voit plus que le ciel et la mer.

On y parvient par un sentier ardu, qui rampe au flanc des roches rondes, s'accroche aux facettes de la pierre, grimpe le long des aiguilles, redescend parfois presque à fleur de lame, escalade les crêtes et saute par dessus des tranchées étroites au fond desquelles bouillonnent les remous. Il faut un pied de chèvre, des poignets de matelot et le mépris du vertige, pour faire ce court et rude trajet, et les hardies *misses* elle-mêmes n'osent point s'y risquer, malgré leur amour des ascensions et l'espérance d'ajouter à leur album *a very romantical scenery*.

Marie-Pierre avait bien juré à l'*ancienne* de ne jamais aller sur la *mé*, où avaient péri tous les siens. Mais il ne l'en adorait que davantage, cette farouche qui lui était interdite, et il venait souvent la voir de haut au grand Autel, tout en pêchant avec son haveneau les énormes crevettes qui s'ébattent là dans les flâches, ou bien en jetant sa ligne de fond dans le gouffre de quarante pieds qui descend à pic sous la falaise, et que fréquentent les grasses lubines. Il s'y trouvait presque toujours seul. Il avait même fini par penser vaguement que le lieu lui appartenait.

Aussi eut-il comme un mouvement de colère, le jour où il aperçut de loin un forme humaine sur *son* grand Autel. Quel était donc le garçonnet assez fier pour vouloir le lui disputer, à c't' heure? Car c'était bien un garçonnet, pour sûr, harné! Et greluchard, encore, calamiteux d'encolure et quillot de l'arrière train, autant qu'on pouvait en juger à vue de nez et dans la distance. Il pressa le pas, et même, dès que le tournant de la côte et les roches lui eurent caché l'individu, se mit à courir pour connaître plus vite et regarder de tout près l'insolent.

Mais, quand il arriva essoufflé, suant d'ahan et de dépit, à la pointe d'où l'on se laisse couler sur la plate-forme, il écarquilla les yeux en poussant d'abord un juron de surprise.

L'audacieux personnage qui lui avait volé sa place, n'était pas un garçonnet, malgré le costume et malgré l'allure. C'était une femme. Il le comprit tout de suite, grâce aux longs cheveux qui flottaient jusque sur l'échine. Mais quelle drôle de femme, bon Dieu! Etriquée de hanches et d'épaules, serrée à la taille par un ceinturon de cuir qui la sanglait à la casser en deux, elle remplissait à peine sa blouse de laine noire, que la brise plaquait sur les angles de son buste. Sa culotte de goussepain, boutonnée au dessus des genoux, flottait comme vide, et les jambes qui en sortaient, si minces, toutes nues, ressemblaient à deux manches à balai en bois blanc, d'autant qu'on ne distinguait pas ses pieds, perdus dans des espadrilles de même couleur que la roche. Elle paraissait posée là ainsi qu'un insecte debout sur ses pattes grêles, une longue et fragile demoiselle de marais, que la première bouffée de vent un peu forte allait emporter, aplatir contre la falaise.

Au juron de Marie-Pierre, elle tourna la tête, ce qui fit saillir les tendons en corde de son maigre col.

Alors, quand il vit, sous le cône du chapeau en paille grossière, cette frimousse au nez camard, aux petits yeux éteints, aux cheveux jaunes ébouriffés, aux pommettes sèches, au teint blafard, et cela sur ce corps de sauterelle, et le tout en face de cette grande mer si belle, alors il n'y put tenir, devant tant de laideur, et il éclata de rire.

La femme, elle aussi, avait eu tout d'abord, à l'aspect d'une figure inattendue, un mouvement de dépit et de surprise. Elle avait froncé le sourcil, se sentant dérangée par ce malotru. Du même temps, elle avait saisi l'aspect de

Marie-Pierre, le dévisageant, comme on dit, d'un coup de visière.

Il était beau, le fils de la veuve, mais beau selon le goût de là-bas, et non selon le goût d'une parisienne. Les filles, depuis le Croisic jusqu'au Pouliguen, ne pouvaient le regarder sans rougir sous leur coëffe; et même, au marché de Saint-Nazaire, quand il allait y porter ses plus riches poissons, les demoiselles en chapeau le suivaient parfois d'une œillade. Mais il eût sans doute paru laid ailleurs qu'au pays, et l'étrangère le jugea tel.

Il était petit et trapu, en vrai Breton, les épaules trop larges et lourdes, le poitrail épais, les jambes un peu arquées, les articulations presque noueuses, les bras pendant quasi jusqu'aux genoux. Ses longs cheveux bruns, aux reflets roux, lui tombaient sur la nuque et sur le front, tout roides, comme s'il sortait toujours de l'eau. Son teint hâlé, cuivré, luisait. On eût dit qu'il suait l'huile et la graisse des chiens de mer, maquereaux, lubines, crabes et homards dont il était surnourri. Ses yeux seuls pouvaient plaider pour lui auprès de toute femme. Ils étaient réellement superbes. Dans cette face sombre, sous les rudes sourcils qui se rejoignaient en épi, à travers les cils mordorés, leurs grandes prunelles glauques flambaient étrangement comme celles d'une bête de proie. Mais l'idée de bête de proie disparaissait, et pouvait ne laisser place qu'à l'idée de bête tout court, quand on considérait le nez en museau et le menton fuyant. C'était cette physionomie de poisson, si caractéristique, particulière aux vieilles races marines.

La Parisienne ne vit que cela, et ce corps pataud; et elle aussi, comme le gas, frappée par la laideur, éclata de rire. Puis sans pouvoir s'en empêcher, tous deux exprimèrent à haute voix, comme y force le plein air, leur sentiment réciproque, qui était identique:

— Pouih! qu'elle est laide!
— Oh! le vilain singe!

Et, tandis que Marie-Pierre sautait sur la plate-forme, la femme se sauvait par un autre côté, grimpant à même le roc comme une chatte qui se fait les griffes.

Cette première impression, si mauvaise, fut d'ailleurs tout de suite dissipée chez Marie-Pierre. A peine seul, en effet, une pensée lui envahit l'esprit, devant laquelle s'enfuit le reste :

— Comment cette femme avait-elle osé venir sur le grand Autel ? Elle était donc bien hardie !

Il en demeura un long moment immobile, à réfléchir, ne comprenant pas qu'une pareille gringalette eût pu franchir les casse-cou du sentier sans se tordre les chevilles, se disloquer les bras, prendre la berlue.

Mais ce fut bien autre chose, quand il se posa soudain cette nouvelle question, à quoi il ne trouva point de réponse :

— Par où s'était-elle ensauvée ?

Car il n'y avait qu'un chemin pour gagner

ou quitter le grand Autel, et ce chemin, lui-même le barrait tout à l'heure, en sorte que la femme avait escaladé la muraille de granit, là, de ce côté abrupt, le long de ces saillies surplombantes où jamais pied humain n'avait accroché ses orteils. S'était-elle donc envolée, ou bien avait-elle des ongles d'écureuil, pour avoir si vite et si prestement disparu à la crête de ce bloc quasi à pic? Il le regardait d'en bas, effaré, se disant que le mousse le plus agile y laisserait la peau de ses pattes et s'y mettrait à nu l'os des jambes. Et pourtant, c'est sûrement par là qu'elle avait passé, elle!

Il se cramponna des doigts aux aspérités, et tâcha de se hisser comme elle, au même endroit, en quelques bonds rapides. Mais, malgré la force de ses poignets crispés et de ses jarrets tendus, il retomba, lourdement, les mains meurtries, les genoux éraflés, arrachant de son poids les esquilles de la roche qui s'effritait sous ses efforts. Obstiné, il recommença, toujours en vain, jusqu'à se faire péter le sang dans les paumes. Alors, certain de son impuissance, rouge de honte et de colère, haletant, il se cogna la poitrine à poings fermés, et s'assit d'un bloc, en criant :

— Elle est plus forte que moi, plus forte que moi !

Deux grosses larmes lui jaillirent des yeux, mêlées aux gouttes de sueur qui ruisselaient de son front, et il resta vaincu, anéanti, stupide, en face de la mer qui avait vu sa défaite et dont les vagues clapotantes semblaient continuer l'éclat de rire de l'insolente femelle.

VIII

Le lendemain de cette première rencontre, Marie-Pierre était à la baie des Bonnes-Femmes avant l'aube. Il avait appris au pays, en causant, que l'étrangère habitait là, et il venait là. Sans savoir ni même se demander pourquoi. Machinalement, à la guise de son corps qui poussait ses jambes de ce côté. Tout au fond de sa volonté morte, un confus et puissant désir de revoir, contempler à nouveau, examiner en détail, de près, à plein, cette créature plus forte que lui. Aucune idée amoureuse, d'ailleurs, si vague qu'elle pût être! Plutôt une pointe de haine. Jalousie de gas fier de sa poigne, et qui a trouvé mateur, et mateuse, ce qui est plus humiliant. Rester sur cette défaite, non, n'est-ce pas? Il fallait s'y prendre mieux, recommencer l'épreuve. On aurait une revanche, harné! On rirait le dernier rire.

Ainsi ruminait sournoisement Marie-Pierre, dans sa caboche étroite et obstinée. Et cependant il montait la garde et faisait le pied de grue, se sentant les membres alanguis à mesure qu'il regardait plus souvent la maison. Sa colère peu à peu s'affadissait, et sa trouble rancune lui envoyait au visage des bouffées de sang de plus en plus faibles. Une molle et lâche lassitude lui mettait du coton dans les jambes et lui creusait un trou dans la poitrine. Il finit par se laisser choir, non plus ainsi qu'hier au grand Autel, lourdement et rageusement, mais comme une chose qui se fond et qui coule. Et il se prit encore à pleurer, mais des larmes lentes, quasi sans amertume, et même douces.

C'est dans cette posture que l'aperçut la Parisienne quand elle ouvrit la fenêtre de son balcon pour humer la fraîcheur de la mer. Il n'eut pas seulement le courage de se dresser et de cacher sa honte, qu'il sentait bien pourtant. Il demeura par terre, prosterné, la face au ras du sol, les yeux humides, levés et suppliants. Ses pieds, qui fouillaient le sable à petits coups, lui donnaient l'air d'une bête battue et repentante qui rampe sur place.

La femme le reconnut tout de suite. Mais elle ne rit pas, cette fois. Sa figure exprima même une sorte d'attendrissement étonné, dont Marie-Pierre éprouva soudain une langueur plus pénétrante, comme au toucher d'une caresse endormeuse.

Elle n'était pas vêtue en garçon, aujourd'hui, mais bien en femme. Drapée dans un long peignoir blanc dont les dentelles frissonnaient à la brise, elle n'avait plus cette apparence anguleuse, étriquée, maigriote, que lui faisait le costume collant de la veille. Sous les plis enveloppants de l'étoffe ample, au milieu des falbalas flottants qui l'entouraient ainsi que d'une fumée, on devinait seulement un corps souple, onduleux. Sa tête s'encadrait fine et mignonne, entre ses cheveux mollement retroussés sur la nuque et les tuyautés neigeux d'une haute collerette. Enfin, vue d'en bas et toute droite dans cette jupe à traîne, elle semblait grande.

Marie-Pierre comprit obscurément ces différences, les sentit au moins, et avec d'autant plus d'énergie qu'il ne pouvait les analyser. Il fut brusquement envahi par l'instinct animal du sexe.

Du coup, il se campa sur les poignets, le buste cambré, rejeta en arrière, d'une violente secousse, les raides mèches qui lui couvraient le front, et se mit à regarder hardiment, fixement. Un frisson courait sur ses joues brunes, où luisait encore la trace des larmes. Son col tendu était gonflé par les veines. Ses prunelles glauques dardaient. On eût dit qu'il voulait s'emplir les yeux de cette vision.

La Glu ne le trouva plus laid en ce moment. Un je ne sais quoi la fit frémir, elle aussi. Elle savourait cette admiration extatique d'un être absorbé en elle. Les lèvres entr'ouvertes, les narines palpitantes, elle jouissait étrangement de se sentir ainsi contemplée par des regards qui lui chatouillaient la peau en quelque sorte et qu'elle ne pouvait soutenir sans un petit battement des paupières.

Elle voulut parler au jeune homme et commença un sourire avant de lui envoyer un bonjour, pour le faire le plus doux possible; mais le mot lui resta dans la gorge. Pendant l'interminable minute que durait l'immobile et tenace adoration de ce magnétisé silencieux, elle-même avait cédé au magnétisme, et elle se sentait maintenant comme rivée au bout de ce regard qui la traversait.

Un vague effroi lui vint et une révolte d'orgueil. Il fallait rompre ce charme étrange.

Elle fit un effort, tourna la tête et rentra dans la chambre, toujours suivie par le regard fixe dont il lui semblait traîner le poids après elle. Jamais elle n'avait éprouvé une pareille attirance. Cela la ramenait à la fenêtre; elle avait besoin de toutes ses forces pour y résister; elle comprenait qu'elle n'y pourrait pas résister longtemps.

Elle marcha deux ou trois tours, allant du cabinet de toilette à l'alcôve, avec des envies de se plonger vivement la face dans l'eau ou de se jeter tout de son long sur son lit, mais sans se résoudre à rien. Elle prit sur la cheminée un bouquet de violettes qui se fanait, le mordit, mâchonna les fleurs.

Puis brusquement, sans plus réfléchir, sans hésiter, elle revint au balcon, craignant et désirant à la fois que le jeune homme fût parti.

Il était toujours là, dans la même posture, les yeux plus dilatés seulement, le buste plus tordu en arrière, les dents serrées, les tempes grosses, tous les muscles et les tendons de son cou bandés comme des cordes, les jambes engaînées dans le sable, et on l'eût pris pour un sphinx, sans sa chevelure que le vent embrouillait sur ses larges épaules, sans les soubresauts lourds et irréguliers de son torse que soulevait une haleine haletante.

Elle ne dit rien et lui lança son bouquet.

Il sauta dessus d'un bond, avec une sauvagerie telle qu'elle poussa un cri. Ce bond et ce cri avaient enfin brisé le charme. Et il se sauva follement, sans se retourner, emportant le bouquet ainsi qu'une proie, tandis qu'elle fermait très vite la croisée, d'une main tremblante, et se remettait ensuite à rire en murmurant :

— La brute, va, il m'a fait peur !

IX

A partir de ce jour, elle n'était plus allée nulle part sans apercevoir à quelque bout de l'horizon la silhouette du jeune homme qui la suivait.

Il le faisait de loin, toutefois, avec des allures furtives, craintives, si bien qu'elle n'en eut plus peur elle-même. Il semblait, en effet, la chercher tout ensemble et la fuir. Il voulait apparemment la contempler le plus possible, mais ne point l'approcher. Ainsi, jamais plus elle ne le retrouva devant la maison, dont il redoutait sans doute l'étrange et toute puissante attirance. C'est quand elle était en pleine promenade qu'elle le voyait tout à coup poindre à la crête d'un roc ou surgir à l'extrémité d'une plage. De là il la regardait longuement, obstinément, attentif comme une vigie, immobile comme une statue. Si elle faisait mine de marcher vers lui, il disparaissait en dégrimpant le roc ou en s'enfonçant derrière un pli de la dune. On eût dit qu'il jouait à cache-cache.

Elle s'amusa de ce jeu. Deux ou trois fois, tandis qu'il ne pouvait la guetter, elle se dissimula elle-même et se coula jusqu'à lui par des ravines et des détours. Brusquement, elle débouchait à trente pas de l'endroit où il se tenait en embuscade, tendu à plat ventre, fouillant l'espace d'un œil inquiet, la croyant très loin. D'un saut il était debout et il se sauvait, effaré.

D'autres fois, elle demeurait elle-même sans bouger, tapie en un coin presque inaccessible, et dont la vue même était barrée par quelque coude de la falaise. Elle le savait dans les environs, rôdant, pareil à un chien qui quête. Elle voyait même rouler les pierres qu'il arrachait en se hissant. Il la flairait en quelque sorte et s'approchait peu à peu, avançant malgré lui. Puis, soudain, avant même d'avoir été aperçue, elle l'entendait dégringoler précipitamment. Il s'était senti trop près d'elle, sans doute, et il se sauvait encore.

Décidément, c'est lui qui avait peur.

Alors, c'est elle qui fut prise du désir de le rejoindre. Tout d'abord, cela aussi l'amusa. Elle inventa des ruses et se rappela les romans de Fénimore Cooper qu'elle avait lus étant jeune fille. Elle marchait doucement sur le sable fin et avait envie d'effacer la trace de ses pas derrière elle. Ou bien elle allait d'un rocher à l'autre, par la plage, à reculons, et se blotissait dans le trou qu'elle semblait ainsi avoir quitté. Elle pensait bien qu'il viendrait là, comme il avait coutume, pour s'asseoir où elle s'était assise, respirer l'air qu'elle avait respiré. Du coup, elle le tiendrait. A cette idée, elle souriait en songeant au *sourire silencieux* du vieux trappeur. Ces enfantillages la ravissaient.

Mais l'autre était un vrai sauvage, un sauvage *pour de bon,* et non par souvenir de lecture, comme elle. Il avait les roueries d'instinct de la pleine nature. Il avait aussi ses yeux de pêcheur, ses yeux de gas habitué à sonder les lointains de l'horizon et les profondeurs de la mer. En outre, il aurait entendu parler les poissons, comme on dit. Donc, les regards en arrêt, les oreilles à l'affût, le nez humant la brise, il déjouait ces ruses de pensionnaire, ces ruses en imitation de peau-rouge. Il avait compris le désir de la femme et le trompait, buté en breton contre cette volonté qui s'entêtait ainsi à finasser avec la sienne.

Après six jours usés de la sorte, elle s'exaspéra enfin au lieu de s'amuser encore. Maintenant, il lui fallait ce fuyard soumis, et elle se demandait comment renouer le charme dont elle l'avait vu enchaîné l'autre jour, quand il rampait dans le sable. Mais ces instants-là ne se font pas sur commande. Elle s'en irritait, ne trouvant pas d'où en tirer un semblable, impuissante magicienne à qui le courant magnétique n'obéissait plus. En vain elle dardait ses effluves, inconsciemment par son désir, savamment par ses efforts. Les efforts se sentaient et paralysaient l'attraction, toujours tenace cependant, mais de loin, et non de façon à aimanter le rebelle jusqu'au contact. En vain elle bondissait et faisait la chèvre sur les rampes ou à la cime des roches, toute blanche parmi leurs masses couleur de pain grillé. En vain elle se couchait et faisait la couleuvre, souple, onduleuse, roulée et déroulée, en costume bleu maillotant, dans la cassonade dorée des plages. En vain! Le contemplateur restait toujours là-bas, en extase, mais là-bas.

Enfin, un jour, elle trouva. Sans chercher, d'ailleurs. Un hasard, un caprice, lui remit en main la baguette de fée, l'aimant perdu qui allait ramener le fuyard et le faire joindre au plus près. Elle n'y comptait même plus en cet instant et s'était promis, le matin, de ne plus s'occuper à ce jeu stérile.

— Que je suis bête ! avait-elle dit. Moi, du roman, alors, quoi ? Pourquoi pas amoureuse tout de suite ? Ah ! non, c'est trop farce.

Il était midi. Le soleil de mars, encore blanc, ardait. Blanc comme de la fonte chauffée à blanc. Soleil de printemps en rut, roide, brutal, qui brûle les bourgeons afin de les gercer. Soleil de fièvre pour les nerfs qui se tendent. Soleil de folie pour les tempes nues où le sang rajeuni vient battre la charge.

Le sable dormait en cendres roussies. La mer était d'huile, lourde, grasse, comme écrasée sous les étreintes accablantes du ciel. Le pli lent des vagues, à peine frangé d'écume, semblait la ride voluptueuse d'une peau caressée, d'une peau de bête qu'argente la mousse d'une sueur d'amour.

Pas un fil de vent dans l'air immobile, où s'évaporait et planait, à ras de terre, la sensuelle odeur des algues, adoucie par une délicate haleine montant des salines qui fleurent la violette fanée. Cela sentait la marée fumante et le bouquet qui agonise, un parfum compliqué, troublant, à la fois âcre et fade, de sève pâmée, d'eau battue et de sexe assouvi.

Caché au fond d'une creute, le gas hébété humait à pleins poumons cet air capiteux et regardait à pleins yeux la femme allongée sur la plage. Elle avait son costume de garçonnet, et ses jambes s'allumaient de teintes roses sous les piqûres du soleil. Rose aussi paraissait sa chevelure, qui flambait à l'ombre d'une ombrelle écarlate. Ses pieds déchaussés, la pointe dans le sable, ne montraient que les talons, semblables à deux gros boutons de rose. Et tout ce rose éblouissait Marie-Pierre, lui dansait dans les prunelles, lui brouillait le cerveau, lui incendiait les moëlles.

Elle, nonchalante, un peu lasse d'avoir couru toute la matinée, l'esprit vague, les membres alanguis, se laissait comme endormir à cette délicieuse et forte chaleur, et savourait

mollement une jouissance confuse. Le fondant
de l'arène en poudre, le monotone bercement
des lames prochaines, le silence des choses,
l'enveloppaient et la pénétraient. Elle ne pensait à rien, pas même à Marie-Pierre, qu'elle
avait à peine entrevu aujourd'hui, tant il s'était
tenu loin et tant elle s'en était peu occupée.
Elle ne pensait vraiment à rien, sinon, de
temps en temps, au léger picotement du soleil
sur ses jambes, et elle fermait alors les yeux
en cognant ses talons l'un contre l'autre ou en
les ramenant d'un coup vif jusqu'au bord retroussé de sa blouse, et elle frissait de tout
son corps ainsi qu'un enfant qu'on chatouille.

Doucement elle se leva et alla tremper le
bout de son pied dans l'eau qui déferlait en
nappe mourante. Surprise d'abord, puis tentée
par cette fraîcheur, elle avança d'un pas vif.
Une vague qui arrivait lui fit soudain le tour
des deux chevilles. Elle avança encore, et la
sensation devint délicieuse sur ses mollets
avivés par la cuisson fourmillante du soleil.

Tout à coup, sans réfléchir, sans se dire que la maison était assez loin, qu'un bain en mars est froid malgré l'air tiède, qu'elle n'aurait pas de peignoir pour se sécher au sortir du bain, sans songer à autre chose qu'à satisfaire son caprice, tout à coup elle jeta son ombrelle derrière elle par dessus sa tête, prit sa course vers la mer et se jeta bravement à même une lame un peu plus grosse qui l'envahissait jusqu'à mi-corps.

Le froissement des flots piétinés, puis brusquement éclaboussés sous son élan, et le broubrou de sa respiration saisie, l'empêchèrent d'entendre le cri d'effroi poussé par Marie-Pierre.

Il avait sauté hors de sa cachette et il bondissait en haletant jusqu'à la place que venait de quitter la baigneuse. Quand il y arriva, elle était déjà loin, nageant sans se retourner, tranquillement, si bien qu'il cessa de craindre pour elle, ne songea plus à rien, se remit à la contempler.

Au bout d'une vingtaine de brasses seulement, sentant ses membres se raidir, elle vira pour regagner la terre, et elle vit alors le gas. Il ne pensait plus à s'enfuir maintenant. Au contraire, il marchait au devant d'elle, les pieds barbottant, écrasant les vagues sous ses lourds souliers, les bras étendus pour la recevoir, les regards fixes, la bouche grande ouverte, la lèvre inférieure pendante et tremblotante et la langue presque tirée, comme s'il avait soif de cette eau où elle venait de rouler son corps.

— J'ai froid, dit-elle en s'accrochant aux mains du jeune homme.

Elle claquait des dents, se serrait contre lui, se faisait toute petite. Lui, demeurait stupide, pâle, et son haleine bruyante sifflait. Une sueur glacée lui perla aux tempes. Il lui sembla que la mer et le ciel tourbillonnaient dans un bourdonnement.

— Courons, fit-elle. J'ai froid.

Et elle s'élança sur le sable, au soleil,

éparpillant des gerbes de gouttelettes étincelantes, comme si elle s'envolait dans une pluie de diamants. Il la suivit, la tenant par la main, affolé, s'imaginant qu'il partait pour une ronde féerique.

Puis, dans un éclair de réflexion, il se rappela que tout près, en haut de la falaise, à droite, il y avait un poste de douaniers, une petite hutte à l'abri, bien chaude, obscure, avec un lit de varech séché. En même temps, il pensa que le roc était dur, que la femme avait les pieds nus. Il croyait aussi que peut-être elle ne voudrait pas grimper jusque-là. Tout cela très vite, instantanément, lui passa dans la tête, toujours courant.

Et, comme elle ralentissait sa course pour respirer un peu, il l'empoigna sans rien dire, l'enleva par la taille, la prit dans ses bras et gravit le sentier en l'emportant. Elle non plus ne disait rien. Même, quoiqu'il fût en ce moment très rouge, les yeux hagards, les dents serrées, quoiqu'elle sentît battre rudement ce cœur éperdu, elle n'était pas effrayée. Elle se laissait faire, lui entourait le cou de ses mains jointes, et, câline, se collait contre lui en lui soufflant son souffle menu dans l'oreille.

Les douaniers étaient aux environs, sans doute; car la hutte sentait encore la pipe, et une vaste houppelande pendait au loquet de la porte. Le gas déposa doucement la femme sur le seuil, l'enveloppa dans la houppelande et la porta sur le lit de varech. Puis, balbutiant, tout honteux, il dit :

— Je vais les prévenir. Ils ne sont pas loin.

— Qui ça? fit-elle. Reste donc. J'ai toujours froid.

Alors, voyant qu'il fermait les yeux et se mettait à trembler, elle lui saisit les poignets et l'attira vers elle d'une secousse violente qui le fit choir à genoux.

X

Après cela, tout avait été dit. Le charme enchaînant, même, avait été rivé. Le gas avait fauté, selon la parole de la vieille Marie-des-Anges.

Pas de remords, d'ailleurs. Il n'en éprouva aucun. Le paradis goûté l'avait soûlé à fond, du premier coup, et ne lui laissa pas de déboire. Mais une vague terreur, oui. C'est ainsi qu'après le verre vidé il n'avait encore pensé qu'à s'enfuir, comme auparavant. Et il l'avait fait, abandonnant la femme, sans se demander comment elle s'en irait, pieds déchaux dans les roches, à demi-nue sous cette houppelande. Il s'était sauvé, lui, la tête brûlante, le cœur défaillant, comme poursuivi, sautant dehors et dégringolant au flanc de la falaise, poussé à tous les diables, ahuri.

La femme l'avait attendu tout le reste du jour, là d'abord, étonnée elle aussi et ne comprenant pas, puis chez elle, où elle était rentrée furieuse, énervée.

Le lendemain seulement elle le revit. Sur la plage il la guettait. Il courut à elle. Il cédait à l'aimant, sans résistance.

— Pourquoi t'es-tu sauvé, hier?
— Sais pas.
— Pourquoi reviens-tu, aujourd'hui?
— Sais pas.
— Va-t'-en.
— Non.

Elle avait tourné le dos. Il l'avait empoignée par l'épaule, la serrant du bout des doigts ainsi que dans une pince, et l'avait ramenée sous un baiser fou.

— Tu me fais mal.

— Pardon.

Et il s'était jeté à genoux en pleurant.

— Eh bien! qu'est-ce que tu veux?

— Toi je veux, toi, que tu restes avec moi.

— Pourquoi faire?

— Sais pas.

Elle avait eu un rire malicieux et lui un rire niais. Mais ses yeux avaient parlé pour lui, allumés de désir, impérieux malgré son allure suppliante. Il respirait, suait, dardait l'amour.

— Viens chez moi, avait-elle dit.

— Non.

— Pourquoi?

— Sais pas.

— Je veux que tu me dises pourquoi.

— J'ai peur de ta maison.

Et elle n'avait pu vaincre cette crainte. Puis elle avait eu plaisir à cette idée d'une idylle en pleine nature. Après tout, c'était drôle, c'était neuf. Il ne ressemblait pas à tout le monde, ce sauvage. Être aimée d'une bête, quel amusement! D'ailleurs, il portait beau ainsi, sous le soleil, en face de la mer, avec son corps trapu, sa face sournoise, sa force.

— Viens à la cabane, avait-il dit d'une voix sourde.

— Non, pas là. Allons ailleurs.

— Où donc?

— N'importe où, où je voudrai. Tiens, au grand Autel!

Ils y allèrent, fous, tout gaminant le long de la côte. Elle jouait en chemin, ramassait des coquillages, traînait des paquets d'algues, lui en jetait à la figure. Il la suivait radieux, un peu apaisé par la promenade et trompé par ces façons garçonnières. Il en redevenait enfant.

— Veux-tu être mon chien? disait-elle.

— Oui.

— Mais tout à fait, tu sais, pour de bon, en aboyant.

— Oui, si ça te plaît.

— Alors, apporte!

Et elle lançait un bâton dans l'eau et il courait le chercher en faisant ouah! ouah!

Au grand Autel, le désir l'avait repris, irrésistible, de la porter encore dans ses bras comme hier. Comme hier, il l'avait fait, pourpre, essoufflé, les muscles tendus; et elle, lui chatouillant le cou de son haleine.

Et les jours suivants de même, tantôt dans le poste des douaniers, tantôt au grand Autel, partout où il y avait des creux de rocher, des replis de dune, des repaires cachés, ils en avaient fait des nids d'amour. Même, en dépit de ses superstitions, le gas avait consenti une fois à descendre au trou des Kourigans, qu'il redoutait tant lorsqu'il était petit. Elle n'avait eu qu'à se laisser couler la première le long de la falaise à pic, sous laquelle mugit le remous des vagues, et il l'avait suivie, jusqu'au fond du corridor ténébreux, où l'on entend des voix, où l'écho répéta le bruit de leurs baisers.

La vieille Marie des Anges, le voyant filer

tous les matins, lâcher l'ouvrage, s'était informée, et des gens qui avaient aperçu le gas avec la Parisienne lui avaient appris où il allait ainsi perdre son temps et son salut. Elle ne lui avait rien dit d'abord. Puis, sur des mots lancés, il avait répondu sans répondre : qu'il ne se sentait plus le cœur à la besogne, qu'il se reposait. Mais elle savait bien à quoi s'en tenir, l'ancienne, et ce n'est pas à tort qu'elle devait parler au docteur de ces abominations :

— Pas même à la mode des chrétiens qui fautent, mais bien en plein air, à la mode des bêtes.

Et c'est justement cette croissante inquiétude de la vieille, qui avait enfin poussé le gas à surmonter sa terreur de la maison, où toujours il refusait d'entrer. La femme aussi était revenue à l'idée d'une nuitée pleine, se trouvant lasse de ce vagabondage, d'abord amusant, parce que nouveau, maintenant connu et devenu banal. Et voilà pourquoi ces rendez-vous au soleil et même à la belle étoile avaient fini par aboutir à la reprise de la proposition première, acceptée cette fois.

— Viens à la maison, va; nous serons mieux, et chez nous, et sans embarras de rien. Tu verras. Tu n'as plus peur de moi, je pense.

— Non, pour sûr.

— Alors?

— Alors comme alors.

Et ce jour-là, le gas n'était pas rentré du tout au logis de famille, et il avait oublié définitivement l'ancienne, et Naïk, et maître Nicolas, et le père Gillioury, et les chansons, et le salut, et tout, et la Glu avait englué sa proie de la tête aux pieds et mis la bête en cage.

Elle-même, à ces goûters de raccroc, avait pris un appétit d'enfer, qu'elle ne se connaissait pas. Cette pot-au-feu, pervertie mais rangée, se dérangeait pour une fois. Cette compteuse, cette liardeuse en amour, toujours en garde contre les entraînements, se moquant des toquades, s'était laissé entraîner à en satisfaire une. Sans conséquence, se disait-elle. Pas de suite fâcheuse possible. Un citron trouvé, tout frais, juste au moment d'une soif bizarre, savoureux à presser, jusqu'au vide. La soif calmée, on le jetterait, écorce flétrie. Rien à craindre, donc! Puis, vrai, cela ne ressemblait à quoi que ce fût. Amusant, pas plus, farce, se répétait-elle. Pas pour de bon. Une petite fête de chair, loin de Paris, loin des amants, loin de tout. Un rêve, passé demain, terminé quand elle voudrait, oublié ensuite. Du nouveau, à tout le moins, et c'est à quoi se pipent les plus malins. Elle, aussi bien que les autres.

Et voilà comment ils étaient arrivés à ce festin de deux nuits pleines, avec repas au lit, anéantissement du monde extérieur aboli dans une crevaille sensuelle, quatre tours du cadran à l'horloge des voluptés courant la galopade. Et tous deux pris, quoiqu'elle en pût penser. Lui, naissant à des délices inouïes, inimaginées, roulant d'extases en étonnements, épuisant la bouteille des joies diaboliques, bouteille inépuisable. Elle, naissant aussi, bien que blasée et croyant tout connaître, naissant à ce rut si souvent donné, jamais éprouvé jusqu'alors. Non moins étonnée que lui, mais à sa façon. Se désaisissant d'elle-même, sensation neuve. Brûlée à sa flamme, qui, lasse de couver toujours, sortait enfin, et d'autant plus ardente. S'irritant les papilles à ce Cayenne dont elle avait tant exaspéré les autres. Ravie, et quasi orgueilleuse dans son espèce de défaite, et surtout bouleversée d'avoir trouvé un mâle, le mâle, et quel mâle! Une brute, fauve, effarée de désirs, folle de jeunesse; un corps durci par le travail, flambant de soleil emmagasiné, tonifié par le sel des embruns, tendu par les brises amères, et riche de sang, et gavé de santé, suant le grand air, la nature, la force, le phosphore des poissons mangés depuis dix-huit ans.

XI

Le père Gillioury avait son idée. En quittant la maison de Marie-des-Anges, après avoir laissé la vieille et Naïk si désolées, il s'était dit que ça ne pouvait pas durer comme ça. Foi de *Bout-Dehors*, il s'en mêlerait, à sa façon, quoi ! Et l'on *verrait voir*. Bon sang ! harné ! le gas lui passerait par devant, et tambour battant, d'une manière ou d'une autre ! Et le brave homme, une fois couché, avait ruminé trente-six plans dans sa caboche, en frottant son nez pointu de sa lippe remontée, et en faisant danser sa prunelle écarquillée dans l'ombre. Puis il s'était endormi sans avoir trouvé rien, mais avec l'espoir que la nuit lui porterait conseil.

Et la nuit avait fait son devoir. Si bien qu'au matin le père Gillioury se leva tout guilleret, ayant son projet devant l'œil, et se mit à chanter à tue-tête, en pans volants, au saut du lit :

>Voulez-vous l'entendre,
>Voulez-vous l'entendre,
>Comment ça finit,
>   Mon ami,
>Comment ça finit?
>Comment faut s'y prendre,
>   Mon ami,
>Voulez-vous l'entendre?
>C'est la pie au nid
>   Qu'il faut prendre,
>C'est la pie au nid.

Vite, il s'habilla, se tailla un chanteau de pain qu'il fourra dans sa poche, et partit en claudicant vers la baie des Bonnes Femmes, avec son *banjo* sur l'épaule comme un fusil la crosse en l'air.

La petite maison dormait encore, fenêtres closes. Mais, dans la cour, une femme trotillait, portant de menus fagots à la cuisine. Gillioury la remarqua de son bon œil, conclut sagement que ce devait être la servante, et pensa non moins sagement que, si la servante était déjà debout en train d'allumer son feu, c'est que la maîtresse n'allait pas tarder à déjeûner. Très content de sa perspicacité, il se dit qu'il n'aurait pas trop longtemps à attendre pour exécuter son plan. Il rôda un peu aux environs, jusqu'à ce qu'il eût rencontré une cachette à sa convenance, derrière une roche d'où il pouvait voir sans être vu. Il s'y installa, son *banjo* entre les jambes, mangea son quignon, fuma une pipe *pour se rendre la voix claire*, et se frotta joyeusement les mains en se chantant à l'intérieur :

> C'est la pie au nid
> Qu'il faut prendre,
> C'est la pie au nid.

Il ne se trompait pas dans ses conclusions,

le vieux mathurin. Ce matin-là, en effet, contre l'ordinaire, la Parisienne s'était senti de bonne heure l'estomac creux. Il y avait de quoi, d'ailleurs, après la course échevelée de ces deux nuits d'amour. Aussi, tandis que le gas dormait à poing fermés, elle avait appelé Mariette et lui avait demandé le chocolat.

— Pour monsieur aussi? avait dit Mariette.

— Non. Laisse-le dormir.

Mariette n'avait pas souri en prononçant le mot *monsieur*. C'était la femme de chambre intime de la Glu, une dévouée, seule amenée de Paris. Non pas, au reste, une de ces soubrettes de femme galante, qui tutoient leur maîtresse; mais une domestique sérieuse, de fond, comme qui dirait de famille. Ne s'étonnant de rien, prête à n'importe quoi. Elle suivait toujours madame en voyage, lui servant alors de bonne à tout faire. Précieuse, indispensable, presque aimée.

— Non. Laisse-le dormir.

En répondant ainsi, la Glu avait regardé le

gas avec une sorte de dégoût. Il était vautré en travers du lit, les bras en croix, les mains en boule, la bouche ouverte, bouffi, ronflant. Un rais de soleil, qui filtrait par un trou de la persienne, luisait, sans le chatouiller, sur sa joue huileuse.

Elle le regarda, tout en grignotant une rôtie et en sirotant son chocolat. Il était vanné, décidément ! Il lui fallait un congé, au pauvre petit. Mais il ne voudrait pas y consentir, quand il se réveillerait. Elle connaissait ça : il refuserait de s'avouer las. Pourtant, vrai, il n'en pouvait plus. Il avait besoin de se refaire. Aujourd'hui, bonsoir ! Plus personne ! Le forcer au repos, oui, c'était la seule chose ; mais voilà ! Comment ?

Elle passa dans le cabinet de toilette, commença de se recoiffer lentement. Puis, soudain, décidée, elle rappela Mariette, et lui dit :

— Cours vite au Croisic, et commande-moi une voiture pour tout de suite. En revenant, tu me prépareras un costume de ville, mon gris par exemple, et tu feras la valise pour deux ou trois jours. Et tu t'habilleras aussi. Tu pars avec moi. Nous allons faire un tour à Saint-Nazaire, et là nous prendrons le train de Nantes.

— Avec monsieur? dit Mariette, qui, cette fois eut un petit sourire au fond des yeux, car elle avait deviné la réponse de madame.

— Non. Laisse-le dormir.

Le père Gillioury vit la servante sortir et se diriger à grands pas vers le Croisic.

— Elle va aux provisions, pensa-t-il. Ça va être le bon moment.

Il cligna de l'œil du côté de la maison, avala une large bouffée de fumée pour se dérouiller tout à fait la gorge, et commença à pincer doucement les cordes de son *banjo*, à hauteur de son oreille, pour le mettre d'accord. Au bout de cinq minutes, ayant aperçu au loin la servante qui disparaissait dans le tournant du chemin, il se leva, sans se montrer encore, toujours caché derrière la roche, et entonna d'une voix pleine, en grattant ferme l'instrument, la chanson de maître Nicolas :

> Jusqu'au revoir, la belle,
> Bientôt nous reviendrons.
> Tâchez d'être fidèle !
> Nous serons bons garçons.

Une fenêtre s'ouvrit, et la Parisienne y parut. Elle avait entendu la cantilène et elle venait voir, pensant que c'était quelque mendiant. Elle était en peignoir rose, avec ses cheveux à demi coiffés, retroussés d'un côté seulement, et pendant de l'autre jusque sur sa poitrine où ils mettaient un fouillis d'or.

— Drôle de particulière, tout de même, se dit le père Gillioury, qui du coup s'arrêta de chanter, tout en continuant à gratter machinalement son *banjo*.

Elle regarda partout, surprise de ne trouver personne aux environs.

— N'empêche, rognonna le vieux, qu'elle

a l'œil diablement éveillatif. Quels écubiers, harné ! Mais la guibre en l'air. J'aime pas bien ça ! Et pas plus de bossoirs que sur ma main. Pauvre gabarit !

Comme il se penchait pour la mieux considérer, elle l'aperçut, et sourit de cette figure bizarre, ratatinée, couleur de brique, dont le nez et le menton se touchaient, et dans laquelle la prunelle unique battait éperdument le digdig.

— Approchez donc, dit-elle, approchez, mon brave homme. Qu'est-ce que vous faites là-bas ? Je ne peux pas vous jeter des sous si loin que ça.

— Je n'en quéris pas non plus, allez-da, p'tite finaude, répondit-il en sortant de sa cachette et en venant, au pied du mur, la reluquer sous le menton.

Elle pensa que le mendiant faisait l'âne pour avoir du son ; et, s'étant retournée, elle prit sur une table sa bourse qui traînait, et lui lança un écu de cent sous en lui tirant la langue.

— Ah ! tu n'en quéris pas ! En voilà tout de même, vieux singe.

— Harné ! non, répondit-il, je n'en quéris pas. Vous le reconnaissez bien, pour sûr. Je ne suis pas un tend-la-main, moi donc.

— Et qui es-tu alors ?

— Je suis le père Gillioury, du Croisic, dit Bout-dehors, cinquante ans de navigation, et la patte raccourcie à l'ouvrage. Borgne aussi, et pensionné de l'État. Et ça, c'est mon banjo, retour de Madagascar, pour vous servir. Et je viens pour ça et ça, que vous savez bien. Attrape à comprendre, madame.

Elle se mit à rire, le croyant fou.

— Ramasse ta pièce, va, fit-elle.

— Mais puisque je vous dis la chose qu'est la chose. Ne larguez donc pas comme ça la garcette à ris. Harné ! je parle français pourtant. Je viens pour ça et ça, je vous le répète, ça et ça, que vous savez bien.

Elle se pencha sur l'appui de la fenêtre, riant de plus en plus, au milieu de tous ses cheveux dénoués maintenant, et lui cria presque :

— Qu'est-ce que tu veux enfin?

— Je viens chercher le gas, pardi!

— Chut! fit-elle en se redressant. Il dort. Ne l'éveille pas. Attends! je vais descendre, et je te le rendrai, ton gas. Tu es son père, sans doute?

— Non, je suis son ami Gillioury, le père Gillioury, dit Bout-dehors.

— Ça ne fait rien, je te le rendrai tout de même.

Elle quitta la fenêtre, et un instant après, elle était en bas et ouvrait la porte à Gillioury, qui tout gêné, entra, cognant son *banjo* au chambranle.

Quelle chance, l'arrivée de ce bonhomme! C'est par lui qu'elle ferait dire son départ au gas réveillé. Elle avait d'abord songé à écrire un mot. Mais la brute savait-elle lire? Puis, que ferait-il, sous la première poussée de rage, en se trouvant lâché? Maintenant, tout allait pour le mieux. Rien de plus simple. Le vieux serait là pour expliquer les choses et pour calmer la colère.

Elle les lui expliqua donc à lui d'abord, en le mettant tout de suite à l'aise par un grand verre de vin qu'elle lui versa et qu'elle le força de boire. Voici : le gas était fatigué, malade un peu ; il fallait le ramener chez lui, lui faire entendre raison, qu'il se reposât, qu'il reprît ses forces ; mais il n'y consentirait pas, si elle restait ; il n'avait qu'une lubie en tête, ne pas la quitter ; alors, comme elle était sage et gentille, et qu'elle lui voulait seulement du bien, elle s'en allait, elle ; il ne devait pas lui désobéir, ni s'en fâcher ; elle ne partait pas pour toujours ; juste le temps de se rafraîchir le sang tous les deux ; pas même un long voyage ; à preuve, la maison pleine, dont elle lui laissait les clefs ; une petite absence, donc, pas plus ; quarante-huit heures ! Comprenait-il, le père Gillioury ? Saurait-il répéter tout cela ? C'était dans l'intérêt de son ami.

Le vieux comprit fort bien. Oui, elle avait raison, et elle était gentille. Dame, elle pensait bien que lui, il ne voyait pas tant de mal à ce coup de roulis, quoi, qui les avait culbutés tous les deux. On est jeune, harné! Il l'avait été aussi dans son temps. Ça le connaissait, ces bordées-là. Il était un mathurin salé. Il admettait tout. Mais c'était pour la mère, vous savez, la pauvre vieille Marie-des-Anges, la veuve qui n'avait plus que son gas, et de dix-huit ans, le guernaud, et fiancé à sa fine cousine Naïk, pleurant à c't'heure! Et puis la maison abandonnée, l'ouvrage pas *faite*, maître Nicolas lui-même comme désâmé. Des histoires, enfin, du grabuge de cœur. Elle devait comprendre, elle aussi! Bien aimable, tout de même, pour sûr, de s'en aller. Le pauvre petit gas, tout faiblot, alors, rendu d'amour, la gargousse nettoyée. Ah! c'était bien de le laisser se refaire. Et le père Gillioury lui parlerait comme il faut, lui dirait ça, et encore ça, et lui remettrait l'ancre à fond de raison.

On pouvait y compter. Il ouvrirait l'œil, et le bon, l'œil au bossoir, ma petite mère, et je n'en dis pas davantage, vous m'entendez. C'est comme dans la chanson, après tout, ne plus ne moins.

Et il toucha du bout des doigts son *banjo*, en fredonnant du bout des lèvres :

> Not' gas a fait la chose,
> Fleur de lilas, bouton de rose.
> Not' gas n'en mourra pas,
> Bouton de rose, fleur de lilas,
> Bouton de ro-o-se.

Ainsi bavardant, le temps se passa, et bientôt Mariette revint. La voiture la suivait et allait être là dans un quart-d'heure. Madame pouvait s'habiller. La valise fut vite faite. Gillioury but encore un verre de vin, alluma une nouvelle pipe, *pour se faire du velours sur l'estomac*. Et clic, clac ! Guillaume Hervé arrivait au grand trot. Madame et Mariette montèrent dans la calèche. Le vieux, resté seul, dit :

— Je ne suis pas le plus bête, harné !

XII

Cependant Marie-Pierre dormait toujours, et, d'en bas, le vieux l'entendait ronfler comme une brise du noroît.

— Il cuve, il cuve, pensa Gillioury. Faut le laisser cuver. Tant plus il pioncera, tant plus l'autre sera loin.

Vers neuf heures, une gamine du pays passa, la petite Thérèse, la fille aux Grévion, portant des crevettes dans un panier. Une bonne idée vint alors au mathurin. Il sortit, chercha dans le sable l'écu de cent sous, qu'il n'avait pas ramassé tout à l'heure, et le donna tout chaud de soleil à la fillette.

— Tiens, fit-il, en voilà pour joliment du pain, et des pierres de sucre avec, si tu veux. Mais, pour la peine, écoute bien, la mousse ! Tu vas retourner au Croisic, chez Marie-des-Anges, et tu lui diras qu'elle ne grouille pas de la maison à c'matin, mais qu'elle prépare une bonne soupe de congre aux six herbes, harné ! et un bel homard, de fleur d'homard, emmi des oignons les plus oignons, tu m'entends, pour voir. Attrape à te rappeler !

— Oui dà, père Gillioury, je lui dirai sûrement tout ça.

— Et surtout tu lui diras que c'est moi qui t'ai envoyée, et que c'est pour la bonne nouvelle, sais-tu, pour le retour du gas, que je vas lui ramener à quai avant midi. Tu ne perds pas ça, hein ? Tu le mets bien là, dans le coin de ta tête ?

— Je le mets, n'ayez de crainte.

— Et aussi qu'elle ne lui parle de rien quand elle le reverra, non plus que Naïk, tu saisis ? Motus dans l'entrepont ! Comme si de rien n'était, quoi ! Il revient ; on ne se doute pas qu'il était parti ; voilà tout. Il a tiré une bordée ; on en ignore. Ni vu ni connu je t'embrouille. Il a été censé à l'ouvrage au matin, et il rentre à la soupe. Y es-tu, ma petite pouliotte, y es-tu ? As-tu bien ouvert tes écoutilles ? Te rappelles-tu tout ça, et encore ça ?

— Je me le répèterai en route, pour ne pas l'oublier, n'ayez de crainte ; j'y vais.

— Pas encore ! Attends ! Brasse à culer ! Dis un peu la chose, pour voir.

Elle se gratta la tête et récita d'une haleine, sans reprise, toutes les recommandations de Gillioury, comme si c'était du catéchisme.

— Parfait ! te voilà d'aplomb ! Quelle mémoire ! dit le vieux. Tu aurais fait un bon mousse à la leçon du gaillard d'avant, petite pévouine. Et maintenant, attrape à filer, vent arrière, culot de gargousse. T'es gentille comme tout.

Une demi-heure plus tard, le ronflement cessa dans la chambre d'en haut, et Gillioury entendit le ha! prolongé du gas qui se réveillait et bâillait en s'étirant.

— Attention! se dit-il, le branle-bas va commencer.

Et, son *banjo* à la main, la lippe au nez, ne sachant s'il devait prendre l'air sérieux ou jovial, il monta.

— Bonjour, Marie-Pierre, fit-il en entrant.

Le gas se dressa d'un sursaut, écarquilla les yeux, se passa les deux paumes sur la figure, crut rêver.

— Je vas te dire la chose qu'est la chose, reprit Gillioury. Mais regarde-moi bien d'abord. Prends ton point. C'est moi, harné! C'est moi. Nous allons causer en douceur, mon gas. Promets à ton vieux Bout-dehors de ne pas tout de suite virer lof pour lof. Naviguons de conserve, veux-tu, pour nous entendre. Et à la papa, avec du largue dans l'écoute.

A cette abondance de termes maritimes, Marie-Pierre, quoique abruti encore, reconnut aussitôt que la situation était solennelle. Il fallait une chose grave, pour que Gillioury parlât marin tant que ça. Le gas eut un premier mouvement tout du cœur.

— Il est arrivé mal à maman ! s'écria-t-il en se jetant à bas du lit.

— Non, rassure-toi, répondit le vieux. Rien qu'un grain dans l'air, pas plus. Et l'ancienne n'est pas dessous. Toi seul vas recevoir un pare-à-virer.

Puis, prenant son courage à deux mains, sans s'arrêter, Gillioury raconta au gas tous les dits de la Parisienne, ses raisons, pourquoi elle voulait le laisser au repos pendant deux jours, et qu'elle était partie.

Marie-Pierre avait écouté, bouche béante, l'air idiot, n'ayant pas même la force d'interrompre.

— Partie! partie! dit-il enfin d'une voix sourde, avec un tremblement de rage. Où ça, partie? où ça? Faut que je la joigne.

— Attrape à ne pas grouiller, fit le vieux. Tu ne peux pas la joindre. Je ne sais pas où elle est. Foi de Bout-dehors, je ne le connais point. Je ne mens jamais, harné, n'est-ce pas? Eh bien ! je te jure que je ne le sais pas. Elle est partie depuis plus de deux heures, et en voiture. Tu perdrais ton souffle à lui courir après.

Marie-Pierre se mit à pleurer.

— Bon cela! dit Gillioury. Pompe à la pompe; ça fait du bien. Mais parlons raison. Je suis ton vieux *frère-la-côte* moi, et je t'aime, voyons, bon sang!

— Fallait me réveiller quand elle est partie, si tu m'aimes.

— Mais non, du gas, mais non! Elle était sage, pour tout dire. Elle sait la chose qu'est la chose. On ne peut pas naviguer sans mouiller, vois-tu. On ne peut pas toujours sailler de l'avant. Tu vas rester à l'ancre un tantinet.

— Je la veux, je la veux.

Et Marie-Pierre sanglotait, la face roulée dans l'oreiller, où il flairait éperdument l'odeur énervante des parfums imprégnés et des sueurs encore moites.

— Tu en es donc fou, dit Gillioury, de ta gamelle aux amours?

— Oui, oui, je la veux.

Des désirs lui revenaient, malgré sa lassitude. Des chaleurs lui montaient à la peau. Son sang battait ses tempes. Il mordait les draps, les baisait.

— Mais puisqu'elle reviendra, je te dis.

Au fond, le père Gillioury comptait bien qu'elle reviendrait *pour des prunes*. En deux jours, pensait-il, avec de bonnes paroles, et la musique, et les gâteries de l'ancienne, et les yeux doux de Naïk, et la soupe de congre aux six herbes, en deux jours la maladie du gas aurait appareillé pour le pays de l'oubli. Il connaissait ça, lui, les embêtements des bordées finies et des adieux en partance: une fois au large, on n'y songeait plus ! Et il en serait ainsi pour la folie de Marie-Pierre. Mais, en attendant. pour le consoler, il ne croyait pas mal faire de lui laisser quelque espoir.

Donc, elle reviendrait! A preuve, la valise

toute petite, la maison pleine, les clefs abandonnées au demeurant. Ces clefs, le gas pouvait les prendre.

— Non, je resterai ici, jusqu'à ce qu'elle revienne.

— Et la mère, tu ne veux pas aller l'embrasser ?

Marie-Pierre n'osa pas dire non. Mais têtu, silencieux, il se refourra dans les draps, et se tourna du côté du mur, comme enterré dans la ruelle.

Alors Gillioury prit sa *langue des dimanches*, et dit ça et ça, que le gas savait bien : comme l'ancienne était bonne, et qu'elle l'aimait plus que la Sainte Vierge n'aimait son fils ; comme elle avait eu du chagrin et des maux, et le cœur en panne, croyant son fin Béjamin perdu, péri à la mé ; qu'elle ne lui refilerait pas tant seulement un nœud de reproche, heureuse de le revoir, toute à le câliner au retour ; et que c'était entendu, pour tout dire ; et qu'elle l'attendait ; et que lui, Gillioury, son vieux

Bout-Dehors, son ami sans autre, avait envoyé la petite Thérèse prévenir à la maison; que la soupe de congre aux six herbes fumait à c't' heure dans l'âtre; que Naïk parait les écuelles et les boujarons; que maître Nicolas sublait en l'honneur du pavillon en vue; et que tout le monde aurait double ration de joie quand le gas serait là; et qu'on chanterait, en chœur au refrain, la chanson du *brig qui a vu le diable et lui a passé entre les quilles;* et qu'il allait se lever, et sauter dans sa culotte, harné, et revenir avec son Gillioury pavoisé, aux sons du banjo qui ferait danser les vaches en route.

Et, moitié sentimental, moitié rigolo, toujours parlant, tantôt fredonnant un couplet, le vieux ramena peu à peu Marie-Pierre au bord du lit, le força de s'habiller, le consola, lui redit que la fuyarde reviendrait, lui mit les clefs dans la poche, l'entraîna enfin dehors, bras dessus, bras dessous.

L'air était radieux, mollement éventé par la brise de terre qui chassait les odeurs marines et sentait bon les champs. L'herbe, quand la brise passait au ras du sol, paraissait danser des rondes. Les bourgeons violets et quelques fleurs en étoiles blanches pointaient aux branches noires des pommiers en fête. Les buissons bruissaient, pleins d'oiseaux qui s'envolaient en grappes, pépiant, se querellant, s'accrochant les uns aux autres ainsi que des goussepains au sortir de l'école. Au bout du chemin, les maisons du Croisic fumaient. Quand le gas aperçut la cheminée de la sienne, un attendrissement très doux lui vint au cœur, et deux larmes sans amertume lui montèrent aux yeux. Il lui semblait rentrer au pays après un long voyage.

— Mon gas! mon pau' p'tit gas!

C'est tout ce qui lui dit l'ancienne en le voyant. Et, bien qu'il eût la mine encore à l'envers, les yeux cernés, la peau rêche, elle fit celle qui ne se doutait de rien. Elle retint le gros sanglot qu'elle avait dans la gorge. Elle embrassa seulement Marie-Pierre. plus fort et plus longtemps que de coutume.

Moins longtemps, au contraire, et moins fort, l'embrassa Naïk, sans arrière pensée toutefois, mais comprenant que la promise devait en ce moment ne paraître que la fine cousine.

Pour aider à cacher l'embarras de tous, Gillioury plaqua de furieux accords sur son banjo et chanta n'importe quoi du haut de sa tête, pendant que le merle enflait ses notes pour dominer le vacarme.

Puis on s'assit à table, et, le cœur un peu serré d'abord, on se laissa bientôt aller à la joie ravivée sans cesse au bagoût du vieux, qui n'avait jamais été aussi bavard. Le gas, notamment, mis en appétit par le bouillon de congre aux six herbes, dévorait. Et Gillioury de s'exclamer! Quelle crâne soupe! Et quel homard, de fleur d'homard! Et ces oignons les plus oignons! Le cidre vous piquait la langue, après, que c'était une bénédiction de ravigotage! Et le tafia du coup de la fin, du jus de bottes, ne plus ne moins, de la savate premier brin ! Comme c'était bon, ohé ! les frères, de se suiver ainsi l'estomac ! Harné ! l'*Empereur des sept îles et autres lieux* pourrait dire et dire ; il n'était pas plus mielié du sort, il n'avait pas la vie plus en belle, foi de Bout-Dehors ! Ah ! pardi ! C'était comme dans la chanson des trois cancrelats ! vous savez bien, la chanson de bordée :

> C'est les trois cancrelats
> Qu'ont mis la patte au plat,
> Au plat du capitaine
> Don daine,
> Au plat du capitaine.

— Laisse arriver ! voiles largues, et remplis les boujarons, vous autres ! Tout à la noce ! Bitte et bosse !

Et le père Gillioury cognait son *banjo* à coups de poing maintenant, et clignait de l'œil en poussant en fausset la complainte des *Trois Cancrelats*, et devenait rouge comme une veste d'engliche. Naïk souriait doucement et se levait de temps à autre pour porter au merle une miette de pain ou un fragment de sucre. La vieille Marie-des-Anges, aponichée sur une chaise basse, regardait à la dérobée le gas. Lui, les coudes sur la table, lourd, gavé, veule, mais sans tristesse, écoutait la cantilène burlesque en dodelinant de la tête aux bons endroits. Il donnait même sa note au refrain quand Bout-dehors criait :

— Attention ! attrape à reprendre en chœur, ceux qu'a du cœur !

Mais tout de même, quoique suivant la chanson, le gas y allait en mollesse, n'y mettait pas d'entrain.

— Si tu prenais ton violon, veux-tu, fit Naïk, qui avait déjà ouvert l'armoire et tirait l'instrument de sa boîte.

— Non, non, répondit Marie-Pierre. Je n'ai pas d'âme aux doigts.

Puis il se posa les joues dans le creux des deux mains, et, comme il continuait à écouter vaguement, ses yeux papillotèrent, un de ses coudes glissa ; il donna du front sur la table.

— T'es las, va, couche-toi, dit l'ancienne. Couche-toi, mon pau' p'tit gas.

Il obéit d'une allure machinale, se sentant en effet plein de sommeil, la cervelle pesante, les regards ensablés, les membres détendus. Il se jeta sur le lit comme une masse. Sa mère n'avait pas fini de lui arranger une couette sur les jambes que déjà il ronflait, tandis que Gillioury terminait sa romance en sourdine, marmonnant avec une voix de rouet, frôlant à peine du pouce les cordes de son *banjo*. Marie-des-Anges lui fit même chut en se retournant, et la bonne petite Naïk alla couvrir d'un tablier la cage où maître Nicolas sifflait, de son plus doux flûtage cependant :

> Jusqu'au revoir, la belle,
> Bientôt nous reviendrons.

— C'est vrai tout de même, fit la vieille en laissant maintenant couler ses larmes, c'est vrai tout de même qu'il est revenu, mon pau' p'tit gas! Porte Nicolas dehors, va, Naïk, et découvre-le, le fillot. Il ne faut pas l'empêcher de chanter un jour pareil.

XIII

— Voyons, l'abbé, est-ce dit? Vous venez avec nous?

— Pourquoi nous? fit d'Amblezeuille. Je ne sais pas si j'y vais, moi.

— Comment, tu ne sais pas? reprit le comte. Mais c'est toi-même, il n'y a pas encore une heure, qui a déclaré qu'il fallait pousser au devant d'Adelphe jusqu'à Nantes !

— Toi, oui. C'est ton devoir, parbleu ! Et puis, cela te fait plaisir, n'est-ce pas? Adelphe n'arrive à Nantes que demain matin. Nous serons à Saint-Nazaire au train de midi, à Nantes sur le tantôt, et tu auras ta soirée libre

pour gourgandiner un brin là-bas, voilà tout.
En te soumettant cette idée-là, j'étais bien sûr
que tu prendrais la balle au bond. Tu es assez
content d'aller faire la débauche...

— Mais puisque je t'emmène, nous serons
sages.

— Voyez-vous ça ! Dis tout de suite que je
te sers de chaperon.

— Mon Dieu ! messieurs, interrompit doucement le curé Calvaigne, vous discutez là sur
des nuances, permettez-moi de vous le dire.

— Enfin, venez-vous, l'abbé ? C'est toute la
question.

— Ma foi, oui. J'ai des achats à faire à
Nantes. Je profiterai ainsi de votre landau
jusqu'à Saint-Nazaire, et de votre aimable
compagnie...

— Oh ! aimable, avec lui ! firent les deux
gentilshommes en se toisant l'un l'autre.

Ils n'en partirent pas moins tous les trois,
très ravis, au fond, de faire route ensemble,
un peu émus aussi à la pensée de revoir

Adelphe, l'enfant gâté de la maison, l'enfant prodigue enfin de retour, après une grosse année d'absence.

— Ah ! tu peux dire, répétait le chevalier, tu peux dire qu'il a un heureux caractère ce garçon-là. Revenir ainsi sans barguigner, et pour s'enterrer avec un vieux grigou tel que toi. Sarpejeu ! Quelle bonne nature. Il ne tient pas de son grand père, au moins. J'entends comme gentillesse !... Parce que, d'ailleurs, comme polisson, c'est autre chose. Et encore, je suis bien certain qu'à ton âge, il ne courra plus la gueuse. Tandis que toi...

— Eh ! moi, moi ! Qu'est-ce que je fais donc de si mal, moi ?

— Tiens ! tu te défends ? Et cette petite femme, alors, néant, fumée ? Je l'ai inventée, n'est-ce pas ?

— Quelle petite femme ?

— Cette Parisienne, voyons ! Ce bijou dont tu parlais tant l'autre jour, avec les yeux hors de la tête !

— Peuh! est-ce que je sais? Je ne l'ai plus revue au bord de la mer.

— Tu l'as donc cherchée?

— Oui et non. Tenez, l'abbé, je vous fais juge. C'est par hasard...

— Par hasard la première fois, peut-être, interrompit d'Amblezeuille. Mais la seconde, la seconde? Car tu l'as rencontrée deux fois, si je ne m'abuse. Eh bien! la seconde, tu l'as bien voulu, sarpejeu! Ce bijou! Joli bijou, ma foi! Un pou de sable! L'abbé, qu'en dites-vous?

— Mon Dieu! messieurs, vous avez raison chacun de votre côté. Il est évident que, d'une part... Et cependant, si l'on se place à certain point de vue...

— Mais non, l'abbé, vous n'y êtes pas, s'écriaient les deux amis.

Comme on approchait de Saint-Nazaire, le chevalier qui occupait la banquette de devant du landau, se souleva soudain des poignets pour regarder par-dessus la capote, et s'écria :

— Tiens ! une voiture qui nous suit. Elle vient du Croisic par la traverse. Eh, eh ! il y a deux femmes dedans.

Le comte, d'un mouvement machinal, se haussa en se retournant.

— J'aurais parié que tu ferais volte face ! ricana le chevalier avec un joyeux craquement de ... langes... ...nes, il faut que tu voies ça !

Le comte s'était rassis, tout rouge.

— Diantre ! je devine, ajouta d'Amblezeuille, en poussant du bout des doigts un facétieux dégagé dans les côtes du comte. Je devine. Voilà le sang qui te danse aux oreilles. C'est ta Dulcinée, hein !

Du coup, l'abbé aussi se retourna, curieux.

— Ne regardez donc pas ainsi, voyons, fit le comte. C'est indécent !

Puis, bousculant du genou le curé Calvaigne, tirant le chevalier par le revers de la redingote, il se renfourgna refrogné au fond de la voiture, et jeta d'une voix brève cet ordre à son cocher :

— Fouette ! ne nous laisse pas rejoindre.

Pourquoi cet ordre ? Lui-même n'en savait rien. Il l'avait lâché sans plus réfléchir, gêné, comme honteux de cette rencontre possible, tandis que l'abbé baissait le nez, fourrait ses mains dans les manches de sa douillette, faisait celui qui n'a rien vu, et que le chevalier se martyrisait les doigts, secouait la tête, clignait de l'œil, souriait silencieusement.

C'était, en effet, la Glu, accompagnée de Mariette, dans la calèche de louage de Guillaume Hervé. Elle avait remarqué le brusque mouvement de curiosité des trois hommes, avec un haussement de sourcils à l'aspect imprévu du feutre romain. Si rapide qu'eût pu être l'apparition du comte au ras de la capote, elle avait tout de suite reconnu cette figure. Elle s'aperçut aussi de l'allure plus vive que prit soudain le landau.

— Tiens, pensa-t-elle tout haut, ils veulent donc m'éviter ?

— Pourquoi cela, madame ? fit Mariette.

— Je ne sais pas, va! Une idée qu'ils ont. Si je les taquinais? Ma foi, oui, ça nous amusera.

Elle piqua le dos de Guillaume avec la pointe de son ombrelle, et lui dit :

— Brûle-moi cette voiture là, mon garçon.

— Harné! C'est pas commode, madame, répondit Guillaume. Les chevaux de m'sieu le comte sont des chevaux de ville. Ils ont les jambes longues. Nous allons tout de même tâcher moyen.

Puis, d'une petite voix flûtée, en fausset, il cria, enveloppant ses deux bêtes dans le *huit* d'un large coup de fouet :

— *Hue! malhurus! sauvons-nus!*

Les rosses bretonnes, aux oreilles balantes, au poil de vache, prirent le grand trotton, battant le traquenard du derrière, et gagnèrent bientôt du terrain sur les anglo-normands, dont le trot régulier s'allongeait, mais sans jamais s'enlever en galopade.

— *Hue! sauvons-nus!*

Et la carriole de louage passa auprès du landau, le frôlant presque ric à rac, emportée dans un bruit de ferraille et une giboulée de coups de fouet.

Pendant la demi-minute où les voitures étaient moyeu contre moyeu, la femme regarda fixement les trois hommes, qui la saluèrent, après que le comte eût donné le signal en soulevant son chapeau. Elle leur répondit par une légère inclinaison de tête, avec une moue hautaine. Elle était à la fois blême et comme coupe-rosée, le teint battu par la rapidité de la course. Ses cheveux retroussés au vent laissaient à découvert son front bombé. Deux pochons couleur lie-de-vin se bouffissaient sous ses yeux morts. A l'un des coins de ses lèvres minces, une goutte de salive moussait.

— Sarpejeu ! fit le chevalier quand elle fut passée, c'est ça que tu appelles un bijou, dis donc, Kernan?

— Bah ! répondit le comte en roulant les épaules, on peut se tromper. Aujourd'hui, en effet, je la trouve assez laide. Elle est peut être souffrante.

— Ma foi ! conclut l'abbé, souffrante ou non, elle n'est pas belle, monsieur le comte. Il serait à souhaiter que le péché fût toujours aussi laid que cela. Il tenterait moins.

En ce moment, par bravade sans doute, et comme une gamine mal élevée, la Glu se retourna et se haussa à son tour, pour regarder les trois hommes. Le vent lui rabattait maintenant ses frisettes d'or sur les yeux. Dans un rire insolent étincelaient ses crocs de louvatte. Son teint, estompé par l'éloignement, se fondait tout rose.

Le comte donna une grande claque sur la cuisse du chevalier stupéfait, et lui cria, presque rageusement, en pleine figure :

— Eh bien ! oui, morbleu, oui, chevalier, c'est un bijou. Je ne m'en dédis pas.

Ses regards flambaient dans sa face pourpre. La grosse veine du milieu de son front, comprimée par le chapeau anglais trop petit, s'enflait, bleuissait, avec des nœuds violets prêts à éclater ; des fibrilles rouges lui marbraient la peau des joues d'un rouge vif comme des égratignures fraîches ; ses narines s'ouvraient, épanouies, humant dans l'air la traînée de parfum que la femme avait laissée derrière elle, parfum trouble et troublant, que seul un amoureux pouvait percevoir et nettement savourer, parmi la poussière en tourbillon, l'odeur du cuir des harnais, la sueur fumante des chevaux.

XIV

— Et pourquoi veux-tu qu'elle se soit moquée de nous ? disait le comte. Nous n'avons rien de ridicule, je pense.

— Ah ! tu penses ! faisait le chevalier d'un air goguenard.

— Mais, dame ! en tous cas, ce n'est ni l'abbé ni moi...

— Ni toi ? Ah ! ça, tu ne t'es pas vu tout à l'heure, mon vieux Kernan. Eh bien ! précisément, c'est de toi qu'elle s'est moquée, n'en doute pas.

— De moi ?

— Tu avais l'air, à ce moment, d'un coq

prêt à pondre. N'est-ce pas, l'abbé ?

— Et toi tu as toujours l'air d'un grand dindon qui fait *blou blou blou*. N'est-ce pas, l'abbé?

— Mon Dieu! messieurs, dit le curé Calvaigne, à quoi bon ces dissensions? Il est certain que si l'on veut s'amuser à chercher des ressemblances animales pour défigurer les physionomies, même les plus nobles, la malignité ne manquera jamais d'y trouver son compte, au lieu que.....

— Vous ne me répondez pas, l'abbé, interrompirent les deux gentilshommes.

Et de fait, il fut impossible à l'abbé, comme toujours, d'ailleurs, de donner tort à l'un des deux. Même sur la question de savoir si la femme avait voulu se moquer de quelqu'un, tout-à-l'heure, par sa moue hautaine et son rire insolent.

— Au fait, dit le comte, j'en aurai le cœur net avant qu'il soit peu. Elle va sûrement à Nantes. Nous ferons route ensemble. Et je lui demanderai la chose à elle-même.

— Tu vas lui parler, étant avec nous !

— Et pourquoi pas?

— Etant avec l'abbé! Voyons, cette fois, l'abbé, vous ne le trouvez pas fou?

— Je ne dis pas, répondit le curé, je ne dis pas.

Mais, comme le comte lui lançait un terrible coup d'œil, il ajouta aussitôt :

— Néanmoins, cela dépend. Cette dame, après tout, est comme il faut, sans doute, puisque monsieur le comte juge à propos de lui adresser la parole en public.

— Vous n'êtes qu'un flatteur, bougonna le chevalier. Quant à Kernan c'est un vieux courasson, voilà tout. Au fond, il n'a élevé cette discussion que pour se donner un prétexte à lui parler. Eh bien! qu'il lui parle! C'est bon! Je saurai protester par ma mine et mon silence. J'ai de la tenue, moi, oui, monsieur.

Voilà pourquoi, une demi-heure plus tard, à la gare de Saint-Nazaire, la Glu ne put s'empêcher de sourire, quand elle vit la singulière allure du trio. En avant marchait le comte, qui venait à elle le chapeau bas, le regard en coulisse, les lèvres en fraise. A sa suite s'inclinait l'abbé, moitié figue moitié raisin, gardant un air grave malgré sa bouche en cul de poule. Derrière, le chevalier esquissait un vague salut du bout des doigts, la figure grippée, le menton sur la cravate, les membres roides, ankylosés dans une dignité en bois.

L'attitude des trois hommes disait si bien leurs sentiments, que Mariette elle-même fit semblant d'éternuer pour pouvoir à l'aise pouffer dans son mouchoir. Quant à la Glu, elle se promit incontinent de se divertir ferme avec ces grotesques, et commença tout de suite. A peine les premières politesses échangées, elle fit son nez en l'air, considéra le chevalier entre les pointes de ses cils, et le désigna au comte en disant du ton le plus naturel :

— C'est monsieur votre père, n'est-ce pas?

Le chevalier n'y put tenir, et, avec un haut-le-corps, rompit son silence revêche :

— Comment, son père! s'écria-t-il. Mais, sarpejeu! nous sommes quasi du même âge, madame, à quelques années près.

— Oh! pardon, monsieur, pardon, fit la Glu, se confondant en gestes d'excuses, tandis que sa mine étonnée semblait dire qu'elle ne pouvait en croire ses yeux.

Puis, toujours d'un air innocent, comme si elle ne savait pas la portée de ses paroles, elle ajouta en parlant au comte :

— Mes compliments, monsieur! vous êtes bien conservé, vous.

Il se rengorgea, arrondissant ses bras, enflant sa poitrine. Il rayonnait. Evidemment, si la femme s'était moquée tout-à-l'heure, ce n'était pas de lui, et bien de ce pauvre d'Amblezeuille! Inutile de la questionner là-dessus, maintenant! Mais comme elle était charmante! Ah! il ne se trompait pas. Un bijou, certes, un fin bijou! Et quelle chance de l'avoir rencontrée aujourd'hui! On ferait donc route ensemble jusqu'à Nantes.

Tous montèrent dans le même wagon, où le comte s'installa au fond, en face de la femme, remuant, empressé, aux petits soins, tout gaillard, en cavalier servant. Mariette s'était assise à côté de madame. D'Amblezeuille et le curé occupaient les deux coins de la portière d'entrée, l'un plus rogue que jamais, méditant une revanche, l'autre le nez dans son bréviaire, mais souriant à tout le monde dès qu'il levait la tête.

On parlait banalement de la température, du *fond de l'air*.

— Oui, disait la Glu avec nonchalance, un mauvais mois, ce mois de mars, pour les rhumatismes!

Et le chevalier faisait craquer ses phalanges en pétarade, afin de bien montrer que la remarque ne le touchait en rien, ses articulations se disloquant à merveille. Puis il lançait au comte, sèchement :

— Mauvais, pour les apoplectiques surtout !

Mais la Glu reprenait, les yeux en l'air, la tête penchée, comme si elle écoutait des bruits dans l'acajou du plafond :

— C'est curieux, vous n'entendez pas?

— Quoi donc?

— Le printemps qui fait jouer le vieux bois.

Mariette, immobile, riait du regard. Le comte, lui, s'en donnait à cœur joie, ayant saisi l'allusion aux phalanges du chevalier et voulant prouver que rien ne lui échappait. L'abbé Calvaigne inclinait la tête complaisamment, et envoyait du même coup une grimace de commisération vers d'Amblezeuille, qui feignait de ne point comprendre, pinçait les lèvres, jaunissait.

On parla aussi du pays, de ses beautés.

— Il en possède une de plus depuis que vous êtes au Croisic, dit galamment le comte en œilladant vers la Glu.

— Ce qu'il y a de plus beau dans le Croisic,

interrompit d'Amblezeuille, ce sont les gas. Il y en a particulièrement un que je vous recommande, madame, si vous aimez le type breton pur.

De rage, le chevalier mettait les pieds dans le plat. Il voulait se venger. Le comte avait rougi jusqu'à la peau de son crâne, qui rutilait entre ses rares cheveux blancs. L'abbé, devenu soudain très myope, plongeait dans son bréviaire. La Glu, sans le moindre tressaillement, répondit d'une voix claire :

— Oui, je sais, je le connais, monsieur. C'est Marie-Pierre, n'est-ce pas? Un petit pêcheur? J'ai souvent causé avec lui au bord de la mer. Je l'ai même fait venir chez moi. Il m'intéresse beaucoup. Un sauvage ! Je le trouve très beau, en effet. Et puis, il a une chose pour lui, une chose qui plaît toujours aux femmes.

Le chevalier, qui avait d'abord été décontenancé par l'assurance de la Glu, jubilait maintenant. Sans doute elle allait lâcher quelques paroles désagréables au comte, qui bouillait de dépit. Aussi prit-il soudain son air le plus gracieux, pour demander quelle était donc cette chose que le gas avait, et qui plaît tant aux femmes.

La Glu, d'un ton très doux, répliqua :

— Oh! monsieur, allez! une chose bien simple : la jeunesse.

Cette fois, le chevalier se le tint pour dit, se recoquevilla dans sa mauvaise humeur, et n'ouvrit plus le bec jusqu'à Nantes. On continua sans lui à bavarder. Seul l'abbé Calvaigne, toujours fourré dans son bréviaire, semblait partager sa bouderie. Il était un peu gêné, en effet, par l'allure de plus en plus entreprenante du comte, qui papillonnait, madrigalisait, risquait même des plaisanteries de vieux chasseur, habitué à courtiser des filles d'auberge. La femme, elle, s'amusait beaucoup à ces galanteries de roquentin provincial, à ce don-Juanisme de hobereau, qu'elle excitait d'ailleurs par d'agaçantes demi-avances. Plus le prêtre paraissait embarrassé, plus le chevalier rechignait, et plus elle coquetait. Même elle avait lancé cette phrase, après une série d'invites non dissimulées du comte:

— Eh bien! voilà qui est convenu. Vous me piloterez ce soir dans Nantes, que je ne connais pas; et si c'est réellement joli comme vous dites, les bords de l'Erdre, il faut m'y mener. Rien de plus simple!

L'abbé s'abîma aussitôt dans une profonde méditation, afin de faire croire qu'il n'avait rien entendu, et le chevalier souffla fortement, en battant des paupières, comme un homme suffoqué qui n'est pas maître de cacher son effarement.

Ayant produit le scandale qu'elle désirait, elle ajouta, très sérieusement:

— J'espère bien, d'ailleurs, que ces messieurs seront de la partie. Pas vrai, messieurs?

— Mon dieu! madame, balbutia l'abbé tout pâle, vous sentez bien que mon ministère ne me permet point..... Monsieur le chevalier, je ne dis pas!

— Oh! moi, fit d'Amblezeuille, impossible aussi.

Et, avec son sourire le plus jaune, il accentua :

— A mon âge !!

La Glu prit une petite mine confite en pudeur, et gloussa tristement, avec un soupir de regret qui navra le comte :

— Alors, monsieur, n'y pensons plus. Vous comprenez qu'à nous deux, seuls, cela ne serait pas convenable.

Le comte était furieux, outré. Une si belle occasion! Une femme si appétissante! Animal de chevalier, va! Ce grognon-là semblait ravi maintenant, d'avoir fait rater la chose. Car la chose allait toute seule, sans lui, n'est-ce pas? On se promenait en bateau; on dînait là-bas dans une guinguette; on soupait aux Galeries, en cabinet particulier; d'Amblezeuille s'éclipsait complaisamment au dessert; et alors... Le vieux gourgandin ne songeait plus le moins du monde, pour le moment, à son plan de guérison en faveur d'Adelphe. Tout ravigoté de désirs, le sang rajeuni, les nerfs fouettés par ces deux heures de galanterie, les sens attisés par ces papotages coquets, ces avances coquines, ce frôlement continu des jupes tièdes, ce voisinage d'une chair endiablée et endiablotinée, il avait soif de cette femme.

La Glu le vit à plein, et, pour s'en amuser davantage, lui dit alors, de plus en plus froide et réservée, pincée comme une grande dame, presque pimbêche:

— D'ailleurs, monsieur, il faut avouer que j'étais bien légère. Je m'engageais de la sorte, sans plus de cérémonie, dans votre société, sans même savoir avec qui j'ai l'honneur d'être.

Comme le comte hésitait, c'est le chevalier qui prit la parole, hautainement:

— Madame, dit-il, vous êtes avec l'abbé Calvaigne, curé de Guérande, et avec le chevalier d'Amblezeuille. Quant à ce barbon qui fait le jeune, et qui a tort, mais dont vous n'avez pas raison de vous moquer, c'est le meilleur gentilhomme du pays, madame; c'est le comte Audren de Kernan des Ribiers.

— Tiens! des Ribiers! s'exclama la Glu, tandis que l'immobile Mariette elle-même n'avait pu s'empêcher de sourciller.

Il y eut un silence. On arrivait.

— Mais vous vous trompez, monsieur le chevalier, reprit la Glu très calme. Je n'ai pas du tout l'intention de me moquer de votre ami. Et la preuve, c'est que, s'il veut, ma proposition tient. Vous plaît-il, comte, d'être mon cavalier ce soir?

— Oh! madame, avec joie, fit le comte en prenant la main tendue de la femme et en y déposant un baiser que d'Amblezeuille lui-même fut forcé de trouver du dernier Régence.

On descendit. La Glu était restée la dernière avec Mariette.

— Crois-tu, lui dit-elle tout bas, des Ribiers! Hein! non, c'est trop drôle. Des Ribiers! Le comte des Ribiers! Ce que nous allons rire!

XV

Le lendemain matin, une demi-heure avant l'arrivée du train de Paris, d'Amblezeuille était à la gare, se promenant de long en large, dans la salle des Pas-Perdus, avec une allure de vieux loup en cage. Il n'avait pas décoléré depuis la veille, depuis le moment où sa fureur était montée au comble sur cet aurevoir du comte :

— Alors, mon cher, en tout cas, à demain ! Rendez-vous là-bas pour recevoir Adelphe !

Là-dessus, le comte avait pirouetté d'un air vainqueur, s'était assis dans une voiture à côté de la femme et en face de la soubrette, et fouette cocher! Parti, sans plus d'explications! Parti, sans dire s'il coucherait, comme d'ordinaire, à l'hôtel des Colonies! Parti sans même renouveler, auprès de son ami, la proposition de faire la fête ensemble!

Ce dernier oubli, surtout, le chevalier ne pouvait le digérer. Malgré son formel refus de servir de comparse à la débauche du comte, il aurait accepté certainement sur une plus pressante invitation. Tout en maugréant sans cesse contre ce qu'il appelait les *orgies de ce vieux courasson*, il avait accoutumé de les partager toujours. Et voilà qu'aujourd'hui on le laissait en plan, obligé d'aller piètrement dîner avec l'abbé, chez quelque curé des faubourgs de Nantes, ou de vaguer tout seul, mélancolique, comme un chien perdu!

Et puis, quelle fatuité dans ce : *en tout cas!* Sarpejeu! le comte affichait diantrement la certitude de sa conquête? *En tout cas!* Cela voulait dire :

— Soyez tranquilles! ne vous inquiétez pas de moi, je sais où passer ma nuit, et je la passerai bonne.

Morbleu! sarpejeu! on n'était pas plus indécent, plus cynique! Et le chevalier, marchant à courtes enjambées rageuses, cognait ses talons sur le parquet et faisait des moulinets extravagants avec sa canne. Ah! il allait lui en flanquer un, de savon, à ce polichinelle! Il allait lui lâcher toute sa bile et lui cracher une bonne fois tout ce qu'il avait sur le cœur! Je vous demande un peu, si ce n'était pas à vous faire sauter! Cela tranchait du grand-père sévère; cela se donnait des façons de mentor; cela s'ingérait de rappeler ce pauvre petit Adelphe, sous prétexte de morale! Il était propre, ce mentor! Elle était jolie, sa morale! Ainsi, c'est au sortir d'une alcôve, encore tout chaud de sa luxure sénile, que ce monsieur viendrait, tout à l'heure, chanter pouilles à son petit-fils, un jeune homme, après tout, bien excusable, ayant la folie de son âge, tandis que lui, ce vieux farceur………. !

— Vieux farceur, oui, monsieur, s'écria tout haut le chevalier, en fendant l'air d'un sifflant coup de canne qui faillit éborgner l'abbé Calvaigne arrivant.

— Vous êtes bien en colère, chevalier? dit humblement l'abbé.

— Sarpejeu! oui, monsieur. Ah! c'est vous, l'abbé? Pardon! Oui, je suis exaspéré. Croyez-vous que le comte n'est pas encore là? Et il est l'heure moins dix! Vous verrez qu'il manquera au rendez-vous. Manquer au retour d'Adelphe, quelle conduite, hein! Et savez-vous où il est, seulement?

— Mon Dieu! non.

— Eh! si, vous le savez. Il est avec cette particulière, parbleu!

— Vous pensez?

— Tiens, mais j'en suis sûr. Je ne l'ai pas revu depuis hier, depuis qu'il s'est sauvé en compagnie de cette guenon. Où est-il? Je suis passé aux Colonies. Il n'y a pas mis le pied. Il est dans quelque hôtel interlope, couché avec elle.

— Oh! chevalier, oh! vous allez trop loin.

— Quand je vous dis que si! quand je vous dis que si! J'en donnerais ma tête à couper. Je le connais bien, moi, ce vieux farceur. Oui, monsieur, vieux farceur!

L'abbé baissait le nez, enfonçait jusqu'aux coudes ses mains dans ses manches, rognonnait des hum! hum! Le chevalier, arrêté, courbé en avant sur ses jarrets tendus, lui secouait violemment d'une main un bouton de la soutane, et de l'autre exécutait par terre un roulement continu du bout de son rotin frénétique.

— Et tenez, regardez-le plutôt, s'écria-t-il soudain en se redressant. Regardez-le! dans quel état!

C'était le comte, en effet, qui arrivait, essoufflé pour avoir monté en trois sauts les six marches du perron; car l'heure sonnait, et l'on entendait déjà le sifflet prochain de la locomotive entrant en gare. Il avait l'haleine courte, les tempes grosses, le cœur battant. Puis, sous l'excitation passagère de ces quelques pas trop précipités, on voyait en plein la lassitude de tout son corps moulu par une nuit folle. Ses mains tremblaient. Sa figure, débarbouillée à la hâte, était mâchurée, et les fibrilles rouges de ses joues avaient comme déteint en une marbrure livide. Ses yeux étaient tout petits, entre ses paupières boursouflées et le tour des cils en jambon. Sa barbe, mal démêlée, s'ébouriffait, hirsute. Son linge déraidi, frippé, était encrassé aux gondolures de l'empois détrempé par la sueur.

— Dans quel état, bon Dieu! dans quel état! répétait le chevalier, les bras au ciel et les sourcils en haut du front.

— Allons, allons, c'est bien, fit le comte. Assez de jérémiades! Dirait-on pas que j'ai l'air d'un cadavre ambulant, comme toi? Laisse-moi tranquille. Tu feras monsieur la Grogne plus tard. Voici le train. Vite, passons sur le quai.

Et ils arrivèrent juste à temps pour voir descendre de wagon un grand efflanqué, perdu dans son ulster comme un parapluie dans un fourreau trop large, mal d'aplomb sur ses quilles molles, étroit de poitrine, blême, blondasse, à maigres moustaches sans couleur pareilles à deux mèches de fouet extrêmement usées. C'était le vicomte, éreinté par une nuit de chemin de fer et plus encore par un an de noce parisienne, gommeux, fourbu, vidé.

— Mon cher enfant! s'exclama l'abbé avec des larmes dans la voix et un geste arrondi de prédicateur.

— Ah! pendard! fit le chevalier en menaçant Adelphe de sa canne amicalement brandie.

Quant au comte, il avait bravement embrassé son petit-fils, avec d'autant plus d'émotion qu'il se sentait des torts envers lui, à cause de ce qu'il venait de faire. Adelphe avait reçu un peu froidement cette accolade. Au moment où ils se désenlaçaient, le comte lui mit les deux mains sur les épaules, le regarda en hochant la tête et dit :

— Mâtin ! tu n'as pas bonne mine tout de même, mon garçon !

Le jeune homme, froissé, se rebiffa d'un air impertinent :

— Ma foi ! répondit-il, toi non plus, grand-père.

Le chevalier ricana, fit craquer ses phalanges. Puis, montrant les deux éreintés à l'abbé qui marmonnait des paroles onctueuses, il dit très haut et d'un ton sec :

— Voilà ce que c'est que de courir la gueuse !

Ses regards, d'ailleurs, appuyaient particulièrement sur le comte, qui roulait de gros yeux désespérés, pleins de chut. Car Adelphe avait dressé l'oreille et levé les sourcils, flairant quelque racontar ennuyeux pour son grand père. L'abbé continuait à jaboter, essayait d'apaiser tout le monde sous ses gestes bénisseurs. Mais le chevalier insistait, tarabustant, taquin, avec des airs mystérieux, par des phrases inachevées, où se lisaient entre les mots de mauvais sous-entendus.

— C'est bon, c'est bon, faisait-il. Je me tais. Suffit ! Je me comprends. Oui, monsieur, je me comprends. Et l'on me comprend.

XVI

Le voyage de retour ne fut pas gai, entre les trois amis et Adelphe.

Le comte avait proposé d'aller se refaire par un bon déjeuner aux Galeries. Cela les remettrait d'aplomb !

— Ceux qui en ont besoin, avait interrompu le chevalier, toujours avec les mêmes sous-entendus.

La discussion, au reste, avait tout de suite avorté, Adelphe manifestant le désir de ne pas s'arrêter à Nantes, de filer droit sur Saint-Nazaire, et d'arriver à Guérande le matin même. On pensait bien qu'au sortir de Paris,

Nantes l'embêtait joliment, n'est-ce pas? Il n'avait pas le cœur à se contenter de quelque *Maison Dorée* du cru, *à l'instar*...! Donner dans la *gomme de province*, ah! non, par exemple, jamais de la vie! C'est ça qui manquait de chic!

— Et puis, avait-il ajouté, à tant faire que de s'enterrer, allons-y *presto subito*, comme on chante dans *les Brigands*. Quand on est chez le dentiste et que la dent est condamnée, à quoi bon s'y reprendre à plusieurs fois?

Après quelques autres phrases de cet acabit, menus coups de boutoir à toutes les avances et prévenances possibles, ils étaient donc remontés en wagon tous ensemble, en route pour Saint-Nazaire, dans une mauvaise humeur générale, que ne pouvait adoucir même le verbiage émollient de l'abbé Calvaigne. En vain s'épuisait-il à tourner des phrases aimables à la fois pour tout le monde! Il ne parvenait pas à détendre les physionomies refrognées, moroses de ses trois compagnons. Chacun, blotti dans son coin, cuvait et brassait des pensées amères.

Adelphe songeait à Paris, aux folies passées, aux vingt mille livres gaspillées si joyeusement, et surtout à la femme qui lui avait fait battre si fort le peu de cœur qu'il avait. Était-ce bien le cœur qu'elle lui tenait? Non. Plutôt les sens. Il avait goûté avec elle des plaisirs exquis, raffinés, inconnus à tous les *paours* de Guérande et même de Nantes. Étaient-ce bien les sens seulement? Non. Plutôt tout l'être. Cette femme, qu'il avait eue pour maîtresse et voulue pour épouse, c'était Paris tout entier incarné dans une enchanteresse. Oui, Paris léger, coquet, spirituel, luxueux, capiteux, capricieux, délicieux! Et voilà pourquoi le mariage même ne lui faisait pas peur, à lui, si jeune pourtant. Cette femme, il la lui fallait, toute, et sienne. Qu'importaient son existence d'auparavent, ses amants sans nombre? A tout prendre, tant mieux qu'elle eût vécu! Elle en était plus savante. Et puis, quoi!

la mésalliance, le déshonneur, des blagues!
Bon en Bretagne, ces fariboles-là! Bon pour
des caboches étroites, des cervelles encroûtées!
Autant de préjugés rococos, de mots, de routines! A Paris, on avait l'esprit autrement
large. Il en connaissait des et des, qui avaient
rencontré le bonheur, et sans perdre la consi
dération, en se mariant à des cocottes. Qu'est-
ce que c'est qu'une cocotte? Une honnête
femme un peu dévoyée, rien de plus. Et même,
si, encore mieux! Il pouvait citer tel et tel,
des noms, des gentilshommes de sang plus
bleu que le sien, aujourd'hui collés légitimement
et très satisfaits, et pas reniés du tout, avec
de vraies roulures, avec des *vieilles-gardes!*

Aussi, le grand-père aurait eu beau dire et
beau faire, ce n'est pas par ses lettres grotesques, ses télégrammes insensés, qu'il aurait
obtenu ce qu'il appelait le retour de l'enfant
prodigue. L'enfant prodigue s'en fichait un peu
des sermons, et de Guérande, et des vieux
amis, un tas de badernes! Même, les vivres

coupés, en voilà une bêtise! Est-ce qu'il n'y a pas des usuriers à Paris? Est-ce qu'un vicomte authentique, propriétaire futur de bonnes fermes au soleil, ne trouverait pas des cent et des mille, rien qu'en remuant le petit doigt? Parbleu! ils étaient comiques, ces *auteurs*, de s'imaginer qu'ils peuvent comme ça vous mettre à sec du jour au lendemain! Pauvre birbe, va! Alors, il croyait qu'on revenait pour lui obéir, pour ses beaux yeux!

Non! Si Adelphe avait pris le train, c'est que Paris lui était devenu odieux depuis le départ de l'adorée. S'ennuyer là-bas ou ici, qu'est-ce que cela faisait, puisqu'aussi bien elle le forçait à vivre désormais sans elle? Un beau jour, sans prévenir, elle était partie, laissant seulement un mot où elle disait que ce mariage était impossible, absolument, et qu'il ne fallait plus y penser. Drôle de petite femme, tout de même! Il lui offrait le repos, un nom honorable, un titre, et elle avait refusé. Oh! avec obstination! Peut-être avait-il trop insisté. Oui, c'est pour cela sans doute qu'elle s'était enfuie. Il l'avait assommée de ses propositions, lassée, *rasée*. En somme, toute réflexion faite, il avait eu tort, et c'est elle, toujours elle, qui avait raison. Eh bien! quoi? le repos, un nom, un titre, la belle jambe! Et pour cela elle devait renoncer à sa royauté galante, s'enchaîner à lui. Vrai, si l'on voulait être juste, dans tout cela, c'est à elle qu'on demandait le plus grand sacrifice! Dame! logiquement! Pauvre mignonne! Il n'avait pas compris cela, lui, animal. Et pft! elle avait pris la clef des champs. C'était bien fait.

Où était-elle? Il n'en savait rien. Mais cet exil volontaire ne pouvait durer. Un jour ou l'autre elle reviendrait à Paris. Ce jour-là, bonsoir Guérande et les vieux! Il la rattraperait, et, cette fois, il s'y prendrait mieux pour la convaincre. En attendant, il allait se reposer, se mettre au vert. Par la même occasion, il tirerait quelque bonne carotte à la maison. Puis, il dirait deux mots au notaire. Après tout, on lui devait des comptes, hein? L'argent de sa mère ne pouvait pas toujours lui passer sous le nez. Il n'y a pas de respect qui tienne! M. Audren de Kernan des Ribiers était son grand-père, soit! mais son tuteur aussi, que diable! Eh bien! s'il fallait plaider, on plaiderait. Les affaires sont les affaires!

Ainsi réfléchissait Adelphe, les yeux mi-clos, le nez dans son col relevé, les doigts tambourinant le manche de béquille de son stick. Et de petits baillements qui n'aboutissaient pas, baillements énervés, coupés court, allongeaient par moment sa blême figure, au poil blêchard, au sourire aigre, tiraillé de tics.

En face de lui, le comte, congestionné, lourd, avec des regards ternes et papillottants, somnolait. D'un mauvais somme, plein de regrets, de remords. Il se sentait la bouche et la conscience pâteuses. Un grand vide dans l'estomac, tout-à-coup, brusque, l'étouffait. Une honte lui poussait le sang aux oreilles. Quelle folie, quelle faiblesse, d'avoir passé la nuit avec cette

10.

aventurière ! Et quand Adelphe devait arriver le matin même ! Une propre veillée d'armes, en vérité, pour se préparer à faire de la morale ! A son âge !! Franchement, le chevalier avait raison de sans cesse le tarabuster là-dessus. Et l'abbé ne se trompait pas en disant que le cotillon le perdrait, toujours, toujours. C'était indigne, tout compte fait ; c'était d'un ridicule ! Morbleu ! On avait des devoirs à remplir ! Mais cette femme, aussi, eh ! eh ! La tentation avait été si forte ! Et le fruit défendu (oh ! pas trop défendu !) si savoureux ! Cristi ! comme cela enfonçait les bonnes fortunes de Guérande ou du Croisic, paisandes, saunières et sardinières, maladroites en jupons crottés ! Et les plus huppées vendeuses d'amour de Nantes, les raccoleuses des passages, habituées du théâtre et des Galeries, dont il faisait naguère ses choux gras aux soirs des plus rares débauches, pouah ! Quelle ratatouille, auprès de cette cuisine parisienne, raffinée, raffineuse, épicée, savante ! Bah ! laissons-les dire ! Une occasion pareille ne se trouve pas tous les jours. Trop bête qui n'en aurait pas profité ! Mais n'était-ce pas dangereux ? N'avait-il pas encore l'eau à la bouche, rien que d'y penser ? Qui sait ! S'il allait vouloir en tâter de nouveau ! Diantre ! Ce désir, encore obscur, il lui semblait l'éprouver déjà. Des frissons lui couraient à fleur de peau, piquaient la chair, entraient aux moelles. La somnolence alors s'aggravait, berçant les remords, enténébrant les réflexions. Une douce lassitude amollissait les membres et l'esprit du vieillard, qui dodelinait du chef et souriait vaguement à des rêves lubriques.

Le chevalier, lui, ne dormait point. Il avait, au contraire, l'œil clair comme un basilic. Mais il regardait s'assoupir le comte, ruminer Adelphe, et il n'augurait rien de bon pour l'avenir. Au fond, il aimait fort son vieil ami. Porté à tout voir en sombre, il le considérait comme dégradé, avili, en ce moment. Sa colère s'en exaspérait. Il eût voulu le secouer, l'injurier. D'autre part, la froideur impertinente du jeune homme lui avait fait peine. A lui aussi, il eût voulu parler durement. Des paroles furieuses lui montaient aux lèvres. Forcé, intérieurement, grâce à leur attitude, de se tenir coi, la bile le travaillait, le suffoquait. Il finit même, impatienté, par imposer silence à l'abbé Calvaigne, qui continuait son ronron de phrases melliflues. Il lui siffla un chut impérieux, en lui montrant les deux autres, qui n'écoutaient point. Puis, tout à sa rage rentrée, se ratatinant dans son encoignure, il croisa et décroisa ses jambes, fit craquer ses phalanges plusieurs fois de suite, hocha la tête, roula entre ses gencives sa langue qui le démangeait.

Quand on arriva en gare de Saint-Nazaire, on n'entendait plus dans le wagon, parmi les rampanpans du train sur les plaques tournantes, que le bruit d'osselets fait par les mains du chevalier, le souffle du nez de l'abbé Calvaigne plongé dans son bréviaire, les tambourinades d'Adelphe le long de sa canne, et le ronflement du comte qui, les joues bouffies, la lèvre pendante, l'œil tourné d'extase, béait, avec un mince filet de bave au contour du menton.

XVII

Au Croisic, le gas était resté couché tout le tantôt du vendredi, sans se réveiller, sans grouiller seulement dans son somme, même en rêve. A plat dos, gisant, lourd comme un plomb, il dormait du corps et du cerveau, pleinement. Dans le plus chaud de l'après-midi, à l'heure où maître Nicolas se taisait dehors, acouvillonné en petite poule, le bec entr'ouvert, à l'heure où la chambre ne bruissait plus qu'au bourdon furtif de quelque mouche, le silence avait paru si profond à Marie-des-Anges qu'elle s'était approchée du lit plusieurs fois pour soulever le rideau de serge rouge et regarder son gas, le craignant évanoui. Il lui semblait comme mort, tant sa respiration, en ces moments d'accalmie, soufflait doux et menu, perceptible de près seulement, semblable à celle d'un enfant dans les primes langes. Elle appelait alors Naïk et Gillioury, qui arrivaient avec d'infinies précautions, la fillette sur la pointe des pieds, le vieux en glissant ses gros souliers au ras du carrelage; et tous trois le contemplaient en souriant d'aise, se disaient leur joie par signe, à la muette, étaient radieux. L'une arrangeait un pli du garde-jour; l'autre tapotait légèrement la couette débordée; le père Gillioury faisait pouh! pouh! en écartant des deux mains les bestioles vrombissantes.

Quand le gas s'était enfin réveillé, au soir, il avait cru sortir d'un songe, se retrouvant chez lui, loin de la maison de là-bas, si suavement parfumée. Ici, cela sentait l'antique odeur de chanci, de linge humide, mêlée au remugle des paniers à poissons. Mais cette forte odeur coutumière, il l'aimait. Il en eut, tout de suite, le cœur ragaillardi. Et de même ses yeux s'épanouirent de rencontrer, en place de la pâle frimousse aux mines ambiguës, les saines et bonnes figures des siens, la face de bénédiction de sa mère, la binette cocasse et amicale de *Bout-dehors*, le tant gracieux minois de Naïk. Il n'y avait pas à dire non, elle était olie sous sa coëffe, la fine cousine, avec ses rondes joues en pomme, sa bouchette mignonne en fraise, ses longs regards pleins de mièvres tendresses! Harné! Où avait-il donc la boule, d'avoir pu mettre tout cela en oubliance?

Il se dressa, s'étira vivement, alla se fourrer la tête dans une seille.

— Pas là-dedans, s'écria Naïk. On y a lavé des toiles de goudron au matin.

— Tant mieux! répondit-il en barbottant dans l'eau et se frottant le nez. Oh! comme ça fleure bon! Je voudrais avoir de la barbe pour garder le sent-fort.

Il se secouait comme un chien mouillé,

écrasait les gouttes huileuses sur sa peau grasse, dilatait ses narines, passait sa langue aux commissures de ses lèvres, soufflait en pluie, riait. Tout le monde de rire avec lui, jusqu'à maître Nicolas qui, renonçant pour une fois à ses airs appris, poussait son naturel et crécellant *cracracracra* de merle en liberté.

— J'ai comme besoin de travailler, fit soudain Marie-Pierre. Dis donc, Bout-dehors, si nous allions jusqu'au port vieux, en attendant le souper. Je voudrais visiter un peu les boîtes à homards. Est-ce qu'il y en a de beaux, aujourd'hui, la mère?

— Oui dà, mon gas, il y en a deux surtout, des vrais coffres. Et si demain les Grévion pouvaient nous ramener du large quelques lubines numéro un, ça vaudrait ensemble la course à Saint-Nazaire.

— Quel jour c'est-il donc, demain? interrompit Marie-Pierre en se prenant le front pour se rappeler.

— Samedi, dà, jour de marché.

11

Il fit ah! très longuement, demeura pensif, fouilla au fond de sa poche où des clefs tintinnabulèrent. Puis il sortit, muet. En route, avec Gillioury, il continua de rêver. Sa grosse gaieté était tombée à plat. Au port vieux, il visita les boîtes d'un air distrait. Il ne partagea même pas les bruyantes exclamations du *mathurin* à l'aspect des deux fameux homards, réellement extraordinaires. Il hala sur les amarres des casiers sans entrain, n'éprouvant plus ce besoin de travailler qui l'excitait tout à l'heure. Au quatrième, il lâcha l'ouvrage en disant :

— Viens boire une bolée de cidre, va, ça vaudra mieux. Je ne sais pas ce que j'ai. Je suis tout chose. J'ai les bras mous comme une moche de beurre.

Il but deux bolées coup sur coup, puis un gobelet de raide, qui lui empourpra les joues. Avant de se retirer, il s'arrêta chez les Grévion et recommanda bien à la femme de dire au père et aux gas, quand ils rapporteraient leur pêche, qu'on attendait leurs plus beaux poissons chez la Marie-des-Anges, parce que lui, Marie-Pierre, allait demain à Saint-Nazaire pour le marché.

Comme la petite Thérèse le regardait fixement, sur le pas de la porte, il lui demanda s'il avait quelque chose de changé, qu'elle le reluquait si fort.

— Je vois bien que non, répondit-elle. Mais je croyais que oui.

— Pourquoi ça?

— Dame! t'étais en perdition, à c'matin, pas vrai? A preuve que c'est Gillioury qui t'a ramené à quai. Alors, je tâchais de voir ce qu'il avait voulu dire comme ça, quoi! Des choses, pardine, je sais pas, moi.

Il lui allongea une gifle, qu'elle évita d'un saut, en l'appelant grand serin.

— Allons encore boire un peu de raide, fit-il à Gillioury.

— Mais nor, du gas. En v'là assez. Tu serais saoul. Il est temps de souper, d'ailleurs.

On nous attend à la maison. Vent arrière et plus de bordées! Qu'est-ce que t'as donc, à la fin?

— J'ai envie de l'être, saoul.

— Eh bien! tu te suiveras la gargousse chez toi.

A table, en effet, il tapa sur le cidre, et tout de suite après la première bouchée, mangeant peu, vidant le pot par grandes rasades. Non plus silencieux et rêveur, toutefois. Au contraire, bavard et bruyant, la langue déliée, les gestes drus, surtout quand il eut humé un rouge-bord de vin charentais. C'était du vieux picton, conservé précieusement au cellier pour les jours de fête, et que la mère avait été quérir sur sa demande. Il en avait soif, de ce fin jus de vigne! Ça lui ferait du bien! Harné! On pouvait bien y aller de cette dépense! Il rattraperait ça le lendemain, au marché, avec les deux homards et les lubines des Grévion!

— Tu y vas donc, décidément, demain, à Saint-Nazaire?

— Pour sûr.

La mère avait fait cette question d'une voix inquiète. Il y répondit avec une énergie violente, entêtée d'avance contre les objections. C'est cette idée-là qui lui avait brusquement coupé sa gaieté, tantôt. A Saint-Nazaire! Aller à Saint-Nazaire! Cela lui avait trotté par la cervelle depuis le mot malencontreux de la vieille. A Saint-Nazaire devait être la femme. Du moins elle y avait passé. Par où se serait-elle enfuie, sinon par là, le seul chemin pour quitter le pays? Il la retrouverait certainement de ce côté. Il avait suffi d'une phrase, jetée au hasard, sans plus, pour évoquer les souvenirs, les rallumer, encore tout chauds, enflamber derechef les regrets et les désirs irrésistibles. Et, le mot à peine lâché, la mère avait compris. Elle aurait voulu s'être mordu la langue avant ce mot, l'avoir coupée même. Maintenant, il était trop tard. Le mal fait suivait son cours. La mauvaise pensée s'était épandue dans l'âme du gas en tache d'huile. Elle le voyait bien ! Son silence tout d'abord, son air songeur, puis sa rentrée à demi en ribote, la mine déconfite de Gillioury, les rires jaunes, les paroles inutiles, la fausse joie tapageuse, les bolées de cidre, la soif de vin, autant de tristes signes ! Il était repris, le malheureux ! Elle l'eût encore préféré veule, comme cet après-midi, rendu de fatigue, anéanti, dormant, inerte, mais ne songeant plus à rien. En ce moment, malgré son bagout de buveur, où il cherchait à s'étourdir, il était tout à son péché. On lisait dans ses yeux vagues son idée fixe. La vieille ne s'y trompait point, et une amère désespérance lui serrait le cœur.

Elle essaya, quoique à peu près sûre que ce serait en vain, de discuter le projet. Après tout, les homards se vendraient fort bien au Croisic. Le notaire en achèterait un, certainement. Quant à l'autre, si l'on en faisait cadeau au curé! Puis, les Grévion n'auraient pas bonne pêche. Le temps n'était pas aux lubines. N'est-ce pas, père Gillioury? Alors, à quoi bon se déranger pour deux homards? Pas si beaux, d'ailleurs! On en avait vu souvent de plus guernauds. Il valait mieux attendre une meilleure occasion.

Le gas n'écoutait pas, ne répondait pas; mais, buté, tenace, répétait :

— J'irai au marché demain; j'irai.

Naïk, innocente, ignorant du reste les détails du matin, racontés à la mère seulement, Naïk toute gentille répétait avec lui :

— Eh bien! oui, tu iras. C'est entendu. Qui t'en empêche? La mère dit ça pour dire.

Marie-des-Anges lui tirait alors son tablier sous la table et lui faisait, derrière la main levée, les gros yeux.

Quant à Gillioury, il avait son plan, qu'il communiqua tout bas à la vieille.

— Faut le saouler. Toutes voiles dehors! Il perdra le nord. Une fois à fond de cale, il

ne se rappellera plus. Ça se noie, les idées!
Quand on a la soute qui déborde, le temps
file vingt nœuds à l'heure. On se réveille à
peine, que demain est déjà passé! C'est comme
pour le mal de dents! Rien de tel qu'une petée
de vitriol dans la gargarousse. Attrape à le
saouler, la mère!

Lui-même, pour exciter le gas, faisait les
quatre cents coups sur son *banjo*, à fendre le
bois, à casser les cordes, en démoniaque, en
ivrogne fin-perdu, hurlant à tue-tête les refrains
les plus bistoques, les plus de bamboche :

    La quille en l'air et bord sur bord,
    Ouvre ta gueul' comme un sabord!
        Ça coule,
        Ça roule,
    Ça vous font l'branl'-bas dans la boule!
      Et bon, bon, bon,
      A plein bidon,
    Vide ton boujarou,
      Les frères,
    Vide ton boujaron,
      A fond,
    Vide ton boujaron.

Et Naïk s'étonnait de voir la mère verser elle-même de grands coups de tafia dans le gobelet de Marie-Pierre.

Lui, les yeux hors de la tête, avec le tour cerné en blanc dans sa figure violacée, les gestes déjà vagues, la voix en bouillie, il râclait follement son crincrin et faisait chorus au vieux.

— Non, non, pas cette chanson-là, disait-il. C'est trop long, trop difficile. On s'embrouille. Une plus... plus... plus chose, quoi ! Du qui se chante tout seul, harné ! tout seu!. Tu sais bien, eh ! Bout-dehors, eh ! hareng-saur, eh ! du bord ! tu sais bien, voyons, ça, quoi ! La chanson des... de la chanson, quoi !

Il flanquait alors un rude coup de poing sur la table, se tapait le crâne du fond de son violon, riait bestialement, et entonnait avec un large hoquet lui secouant la poitrine entière :

> N'en faut du vin,
> Du vin tout plein.

Du vin n'en faut
Tout jusqu'en haut.
N'en faut du vin.
Du vin n'en faut.
N'en faut du vin.
Du vin n'en faut.

Sa langue s'épaississait de plus en plus. Les paroles monotones, lentes, hachées, semblaient lui tomber des lèvres par hoquets. Les notes râlaient dans sa gorge en modulations rauques, grasses, qui gargouillaient ainsi que de sourds vomissements. Sa tête pesante ballottait sur ses épaules. Ses gestes détendus, inachevés, battaient l'air mollement. Ses paupières n'avaient plus la force de se relever, et, dessous, on voyait rouler ses yeux, dont les prunelles remontaient, ne laissant paraître que le blanc, comme en des yeux d'aveugle.

Maire-des-Anges versait toujours. Gillioury trinquait toujours. Le gas buvait toujours. Maître Nicolas, que le vacarme empêchait de dormir, retirait par moments sa tête effarée de desous son aile et commençait son couplet qu'il ne terminait point. Naïk, effrayée, désolée, sans savoir pourquoi, pleurait.

Enfin le gas, assommé de boisson, s'affala d'un bloc sous la table. Marie-des-Anges et Gillioury le déshabillèrent et le portèrent dans son lit. Mais, pendant que sa mère, sanglotante, le bordait, il rouvrit un œil, la regarda stupidement, essaya de sourire, se donna une claque sur le nez, de sa main morte, et répéta plusieurs fois, concentrant tout son être dans cette affirmation obstinée et vivace :

— J'irai ! Harné ! Oui, j'irai !... J'irai !

XVIII

Le lendemain, à l'aube, quand Marie-des-Anges se leva, après un court et lourd sommeil du matin, encore moulue de la nuit blanche qu'elle avait passée presque vers les trois heures à gémir et ruminer, la première figure qu'elle rencontra sur le pas de la porte fut celle du gas, en train de faire reluire ses gros souliers.

Il avait la mine fraîche et l'œil clair. Cette fameuse *petée*, comme disait Gillioury, avait sans doute servi seulement à lui purger la bile. Grâce à la longue sieste dormie la veille après-midi, son corps reposé d'avance, au lieu de

s'anéantir dans le cuvage de la boisson, s'y
était retrempé plutôt. Il s'était réveillé les
membres dispos, malgré la tête un peu lourde
et la bouche un peu sale. Une bonne lampée
d'eau fraîche et quelques larges gorgées d'air,
et les dernières fumées d'ivresse s'étaient éva-
porées. Il ne lui en restait plus qu'une confuse
hébétude, au milieu de laquelle se fixait d'autant plus énergique l'unique pensée résistante,
la pensée qui avait surnagé dans le naufrage de
conscience de la saoulerie, la pensée à quoi il
s'était si tenacement raccroché au moment de
perdre pied en plein somme. Toutes ses réflexions, toutes ses volontés, étaient tendues
vers le départ pour Saint-Nazaire.

— Alors, dit simplement Marie-des-Anges
en l'embrassant, alors, c'est bien décidé, je
vois ça. Tu y vas ?

— Pour sûr.

— Malgré mes raisons ?

— N'y a pas de raisons. J'y vais.

Elle le savait, quoique bon et soumis, têtu.

Mais jamais elle ne l'avait trouvé si assuré de ton, si bref, si résolu en paroles. D'ordinaire, quand il voulait quelque chose qu'elle ne voulait point, il discutait au moins et biaisait pour la persuader. Souvent aussi, l'air fâché, il boudait. Toujours respectueux, d'ailleurs. Il n'avait pas coutume de contrecarrer violemment son *ancienne*. Aujourd'hui, ni si, ni comment, ni même de bouderie ! Tranquille, sans essayer un rétipolage de mots, sans s'égarer en chicanes, froidement, n'admettant pas la possibilité d'un obstacle quelconque, il imposait son affirmation. Il s'était contenté de froncer les sourcils, et continuait à cirer sa chaussure d'un mouvement monotone.

— Pourtant, reprit Marie-des-Anges, mes raisons sont bonnes, voyons. Deux homards, deux pauvres homards, ce n'est pas la peine d'aller là-bas. Les Grévion seraient déjà venus, s'ils avaient des lubines de choix. Je te le disais bien, hier : le temps n'est pas aux lubines à c'matin. Ce n'est pas vraiment pour deux homards qu'on va perdre toute une journée. Hein ! mon gas, réfléchis un brin, allons. Ne fais pas le cabot, comme ça. Ecoute mes raisons.

Il répondit de nouveau, sur le même ton calme, toujours les sourcils au nez, toujours brossant :

— N'y a pas de raisons. J'y vais.

Alors la vieille, irritée de cette désobéissance orgueilleuse, devint blême, s'emporta, lui arracha son soulier des mains, le jeta par terre en criant :

— Harné ! non, tu n'iras pas. C'est moi qui te le dis, à la fin, moi, ton ancienne. Tu n'iras pas, entends-tu, non, tu n'iras pas.

Toute la colère, qu'elle accumulait depuis si longtemps, lui déborda soudain du cœur en reproches amers, en dures vérités. Il n'avait pas tant besoin de faire le sournois ! Elle savait bien pourquoi il voulait aller là-bas, obstiné comme un âne rouge ! Il s'en moquait un peu du marché ! Il n'avait que sa folie en tête,

sa sale folie, encore, encore ! Il en oubliait
tout, même le respect qu'on doit à sa mère !
Une bête ne serait pas plus malfaisante, plus
bouchée, plus déraisonnable, plus bête, quoi !
Un chien en chaleur obéirait mieux ! Ah !
elle en avait assez, de ces courauderies-là, de
ces hurlubiades, de ces abominations ! Voilà
trop de jours qu'elle se mangeait les sangs,
qu'elle pâtissait, bonne, faible, la laine broûtée
sur le dos, à doucer avec un morveux qui
faraudait comme un homme ! Un propre,
d'homme, je vous demande un peu, qui n'avait
pas tant seulement trois poils au bec, et qui
moucherait du lait si on lui éteignait le nez !
Et ça se rebiffait ! Ça ne répondait pas même
aux raisons ! Ça disait qu'il n'y a pas de raisons ! Ça se campait, là, droit sur l'ergot, insolent comme un cheval de soldat, à faire ses
quatre volontés ! Harné ! non ! elle n'en pouvait plus de se tenir ainsi, sans parler, devant
des choses pareilles, que les anges en per-
draient patience ! Et elle lui dirait tout ce

qu'elle avait sur l'âme et qui la désâmait :
qu'il était un ingrat, un sans cœur, de peiner
et torturer et navrer les siens aussi méchamment, de faire pleurer sa petite Naïk et sa
pauvre ancienne, de fuir la maison comme s'il
avait le feu au derrière, de se saouler à la
façon des suce-pots, de cracher sur la brave
honnêteté de Dieu, et sur le nom de son père,
et sur le salut, et sur tout, et pourquoi, harné !
pourquoi ? Pour qui ? Pour une gueuse de
française, une étrangère, une mécréante, une
rien qui vaille, une marchande de sa viande,
une sorcière damnée, une kourigane de malheur, pas même jolie, pour tout dire, mais
chiffe et vioque, en culotte de mousse, avec
rien dedans, foutue à la six-quatre-deux, et
foutant les gens à leur perdition, paillasse à
matelots, sans doute, et les restes de tout le
monde !

Aux accents furieux de ce verbe haut, qui
claquait comme des coups de fouet dans la rue
encore déserte, des figures de voisines et de

voisins s'étaient montrées aux fenêtres, et, curieuses, regardaient. Marie-Pierre, honteux sous tous ces regards, et penaud sous les déclamations de son ancienne, avait reculé pas à pas vers la maison, puis, franchissant le seuil, était rentré. Toujours déblatérant, la vieille avait fermé rudement la porte derrière elle, et continuait ses cris dans la cuisine maintenant, d'une voix plus rauque, assourdie par le plafond bas. Elle avait en quelque sorte acculé le gas, quoique sans le toucher, le poussant avec ses paroles vers le fond de la pièce, à l'endroit d'où partait l'escalier de bois. Elle cessa soudain de vitupérer, en apercevant Naïk sur le palier du haut.

La petite, ayant entendu le vacarme des reproches et des insultes dans la rue, s'était levée en chemise pour aller voir par le coin d'une vitre. Terrifiée alors, se vêtant à la hâte, sans prendre même le temps d'arranger ses cheveux sous une coëffe, elle avait voulu descendre. Mais elle s'était arrêtée court à la première marche, comme le gas rentrait en courbant les épaules, poursuivi par les imprécations de Marie-des-Anges. Elle écoutait là, et contemplait, toute pâle, joignant ses mains tremblantes, n'osant souffler. De grosses larmes coulaient silencieusement sur ses joues.

— Tiens, reprit tristement la vieille, le doigt vers Naïk, regarde, mauvais gas, regarde la douce pauvrette, dans quel état tu la mets! Et si ce n'est pas une honte et une pitié, de me forcer à parler ainsi devant elle, à parler comme ça de toi, le fils de mon homme! Et si ce n'est pas un péché de plus sur ta conscience, que j'en sois réduite à laisser entendre par cette jeunesse un tas de saloperies pareilles! Ah! vois-tu, garnement, tu mériterais....

Elle leva la main sur Marie-Pierre, qui, par un geste instinctif de tout petit garçon, se gara derrière son coude en l'air. Mais c'était bien inutile. Car, avant même que la main menaçante fut retombée, Naïk avait poussé un grand cri en accourant, et la vieille s'était jetée sur une chaise, crevant de sanglots, la figure dans ses deux poings, toute sa colère détendue, noyée en un flot de pleurs. La petite vint l'embrasser, et, avec des yeux de suppliante, douloureusement, elle dit :

— Oh! c'est mal, ça, Marie-Pierre; c'est mal, va.

Il ne bougea point. Il avait la tête toujours basse, le regard sec et en dessous, l'air humilié, mais furieux. Ses lèvres, blanches, frémissaient. Il roulait entre ses doigts, lentement, le bout de sa ceinture de cuir. Il semblait ne faire attention à rien, se parler en dedans, rêver.

Gillioury arriva sur ces entrefaites. Il s'était levé pour être à la rescousse de grand matin, à tout hasard, craignant que l'affaire, malgré toutes les précautions prises, ne marchât pas comme il fallait. Quoique préoccupé d'un grabuge possible, il ne s'attendait pas à un tel spectacle. Il comprit qu'une scène grave venait de se passer, et pourquoi. Il alla droit à Marie-Pierre, lui mit la main sur l'épaule.

— Eh bien ! dit-il, qu'est-ce qu'il y a donc, du gas ? Tu fais pleurer ton ancienne, maintenant, et tu la laisses comme ça sans lui demander pardon ?

Marie-Pierre fourra ses poings fermés dans ses poches, redressa un peu le front, et riposta aigrement :

— V'là qu'elle veut me battre, à c't'heure.

— Et puis ? reprit le vieux marin, c'est donc une raison, ça ? Moi, mon ancienne m'a encore fiché une calotte quand j'avais quarante ans passés, et des poils gris au menton. Elle avait tort, rapport à ce que nous discutions. Mais n'importe ! J'avais eu tort, moi, de ne pas amener mon pavillon devant le sien. Aussi, j'ai reçu son pare-à-virer d'aplomb, et je l'ai mis dans ma poche sans pouffeter. Une mère, vois-tu, mon gas, c'est une mère, et puis v'là tout. Faut toujours lui céder, je ne connais que ça.

Marie-Pierre ne bougea pas plus que tout à l'heure. Il ne répondit rien. Un peu de rouge lui monta seulement aux pommettes. Dans le grand silence de la chambre, on n'entendait que les sanglots, maintenant étouffés, de Marie-des-Anges, et la sonnerie des clefs que le gas faisait machinalement danser au fond de sa poche.

— Alors, quoi ? t'es donc muet ? reprit Gillioury. T'es donc en bois ?

Par la porte, que le vieux n'avait pas refermée, le gas regardait fixement la chaussure et la brosse, restées à terre dans la rue. Il fit enfin un pas, sans les quitter des yeux, lentement, tranquillement, alla les ramasser, et, toujours silencieux, rentra en frottant son soulier d'un mouvement monotone.

Marie-des-Anges, qui avait relevé la tête en l'entendant marcher, le vit faire et comprit. D'un revers de main elle essuya sa figure. Puis, froide, elle aussi, décidée, elle dit simplement :

— Tu veux y aller? C'est bien, bien sûr?

Il fit signe que oui, par un hochement bref.

— Eh bien! reprit-elle, nous irons ensemble.

XIX

Dans la route qui monte aux sapinières d'Escoublac, le docteur Cézambre cheminait, doucement bercé par le pas tranquille de Biju. On avait reçu à Guérande un télégramme du comte demandant le landau pour l'arrivée du train à Saint-Nazaire. Cézambre l'avait su et venait au devant de ses amis. Il était radieux.

Quelle belle journée! Le ciel, ainsi que dit la chanson bretonne, était joli comme un ange. Des nuages planaient, tout roses, pareils à de grands pétales envolés de quelque rose énorme. Les champs herbus, les haies bourgeonnantes, les arbres mi-partie feuille et fleur, les murs bas des clôtures flambant de giroflées, tous ces verts veloutés et ce frais bariolage, étalés à perte de vue, rappelaient au vieux médecin de marine les fêtes de couleur des châles indiens, aux tons si crus et si fondus en même temps. Tout là-bas, dans le damier des salines, les marais, roses comme les nuages, semblaient des vitraux couchés à terre. Les plus *mûrs* étaient marbrés de moisissures huileuses, où l'eau-mère s'évaporait en larges taches d'or. De place en place, les cônes de sel se dressaient, en forme de tentes lointaines, mais de tentes en cristaux qui miroitaient et s'allumaient de diamants au soleil. La brise, qui avait léché en voletant ces blocs parfumés, et bu ces senteurs dormantes, se chargeait encore d'effluves odorants à travers les sapins, où elle chantait avec une haleine de violette.

Quelle belle journée, et quel bon pays ! Sur les bords du chemin, des gas joyeux, des commères allègres, des gamines court-vêtues, piétonnaient, en linge blanc, en coëffes éblouissantes, le refrain aux lèvres, le panier au bras, en route pour le marché de Saint-Nazaire. Il y avait des paisandes portant des cabas remplis d'œufs, ou des volailles, les pattes liées. Il y avait des pêcheurs, la hotte garnie d'algues, entre lesquelles luisaient les paillettes d'argent des écailles. Ils laissaient derrière eux une traînée d'air épais, fleurant l'embrun. Plus âcre encore fleuraient les gamines, apprenties sardinières, qui balançaient à deux, au bout des poignets, un corbillon de crevettes cuites, et qui avaient conservé dans leurs jupes, leurs cheveux, leur chair, les relents de la raffinerie, essence de marée. Des paludiers se moquaient d'elles, faisaient mine de vouloir manger leur marchandise, puis, complaisants, les débarrassaient du lourd corbillon, et leur servaient de portefaix. Elles riaient, admiraient la force des *gas de marais*, superbes sous leurs braies bouffantes, leur gilet triple, leur grand chapeau de feutre à l'aile crânement retroussée. Et tous, pêcheurs, paisandes, fillettes, paludiers, tous, en passant, lançaient au docteur un respectueux et gracieux :

— Bonjour, monsieur Cézambre ! Bonjour, Biju !

Les anciens matelots faisaient le salut militaire, fourraient leur chique entre les dents et la joue, et disaient :

— Bonjour, m'sieu le major !

Oh ! oui, le bon pays, et les braves gens ! En vérité, on ne pouvait mieux choisir pour finir tranquillement ses jours. Quelle douce destinée que celle de Cézambre, et comme il se trouvait heureux ! Il avait une gaie maisonnette, là-bas, près du mail de Guérande, toute embaumée de glycines et de clématites, soigneusement tenue par la vieille Marie-Anne, avec du fin linge dans ses armoires, du vieux Bordeaux et du pur Jamaïque dans sa cave, un puits frais pour l'été, un grand lit bien couetté et une large cheminée à auvent pour l'hiver. Ce n'était pas une fatigue, sa clientèle, mais une distraction plutôt. Il allait, il venait, humant les saines brises de mer, fumant d'excellentes petites pipes en bois des îles, trottinant ou se dandinant sur sa profonde selle en fauteuil. Et ce Biju, la crème des bidets! Marchait-il assez plan plan pour le quart d'heure! Lesté d'un picotin, ayant brouté quelques brins de dessert le long des haies, il raccourcissait le pas comme pour mieux berçotter son maître. Il se sentait fortuné, lui aussi; et, quand le docteur répondait au bonjour amical des passants, il répondait de même, à sa façon, par un hennissement bref, pareil à un éclat de rire.

Et les amis, les chers amis de Guérande, les soirées aimables chez des Ribiers! Il était bien un peu entiché d'idées rococo, le vieux comte, un peu beaucoup féru de son fameux ancien régime; mais si jovial compagnon tout de même, si bon vivant! Et l'ancien régime d'ailleurs n'était pas déjà tant mauvais, au point de vue gastronomique pour le moins!

La cuisine française, à la mode d'autrefois, vous avait des recettes merveilleuses : un certain hochepot de poisson, particulièrement, et des pâtés de lapins, aussi, et toute une ribambelle de soupes plus savoureuses les unes que les autres, un vrai musée de gueule, religieusement entretenu par d'antiques traditions provinciales. Parbleu ! la gourmandise est un péché mignon de l'âge mûr, et, sans faire un dieu de son ventre, on pouvait se lécher les lèvres à ces fêtes de Monseigneur l'Estomac. Surtout quand cela était assaisonné de vive causerie, de gais propos ! L'abbé Calvaigne rechignait parfois, il est vrai, au mot pour rire ; mais comme il était doux, en somme, facile à vivre, amusant par son inaltérable condescendance ! Quant au chevalier, une source de joie perpétuelle, avec ses chicanes, ses bougonnades ! Au demeurant, le moins ennuyeux des vieillards. Dans ses jours de bavardage, alors qu'il avait une pointe de vin d'Anjou, nul ne e valait pour raconter des anecdotes, et spirituellement ! Ah ! les délicieuses parties de boston qu'on faisait là, et les plus délicieuses encore parties de langue !

Puis, il y avait la chasse, la pêche, les promenades en mer, les relations improvisées au moment des bains, quand on venait presque chaque après-midi griller un cigare à l'établissement du Croisic ! Et puis, il y aurait aussi ce grand flandrin d'Adelphe qui revenait aujourd'hui même, et qui mettrait un peu de jeunesse dans la maison, parlant de Paris, apportant des idées neuves sans doute ! Dans quelque temps, on le marierait pour sûr, ce blanc-bec, et le vieil hôtel du comte serait fleuri d'une famille, de poupons frais et bouclés, qu'on ferait sauter sur les genoux, qu'on se disputerait. Chacun en jouirait, serait un peu grand'papa ! Quelle belle fin d'existence pour tout le monde !

Egoïstement le docteur se délectait à ces espérances, à ces riantes images. Il se voyait vieux garçon, débarrassé de tous les soucis du ménage, câliné par les petits des Ribiers comme une espèce d'oncle-gâteau, aimé de ses bons amis, aimé des paysans, aimé de sa brave Marie-Anne, aimé de Biju, aimé de tous, et les aimant tous, et terminant doucement ses jours dans une béatitude qui l'attendrissait d'avance sur son propre bonheur.

En vérité, il avait une chance extraordinaire, après une vie si ballottée, si sombre par instants, de pouvoir goûter un repos si calme, de pouvoir envisager un avenir si bleu, si rose. Bleu et rose, ma foi, comme ce ciel de printemps, où planaient dans l'azur des nuages pareils à de grands pétales de rose. Bleu et rose, et parfumé aussi de suaves tendresses, parfumé comme cette brise qui avait respiré l'exquise odeur des salines et qui s'embaumait encore à travers les sapins où elle chantait avec une haleine de violette.

— Bonjour, monsieur Cézambre ! Bonjour, Biju !

C'était le salut des pêcheurs, des paisandes,

des sardinières, des paludiers. Et le docteur, les yeux voilés de larmes furtives, leur renvoyait le bonjour d'une voix émue, tandis que Biju guilleret poussait son petit hennissement bref, semblable à un éclat de rire, qu'il accompagnait par moment d'une facétieuse pétarade.

XX

— Bonjour, m'sieu lé major! Bonjour, mon p'tit Biju!

C'était dans la descente d'Escoublac, à la croisure du sentier de traverse qui coupe au court par les sapinières. Immobile, les jambes écartées comme pour parer au roulis, la main gauche sur la couture de la culotte, la main droite en éventail au béret, le père Gillioury faisait le salut de matelot, en écarquillant son œil unique fixé à quinze pas.

— Bonjour, Bout-dehors, répondit le docteur. J'espère que te voilà en grande tenue!

Tu vas donc tirer une bordée à Saint-Nazaire, vieux lascar?

— Non-dà, m'sieu le major. Vous voyez bien que je n'ai pas tant seulement mon *banjo* pour faire danser les puces des punaises. Et puis, quoi! à mon âge, savez, on n'est plus porté sur la chose. Non, je vas là-bas rapport à ce que m'a dit Naïk, que j'arriverais à Escoublac avant les deux autres par la traverse, et que là je les joindrais, pour être là, pour ça et ça, veiller au grain, masque partout! A cause que la mère est démâtée, partie le vent debout, et que le gas tire à babord, elle à tribord, et ce qui s'en suit, dont il faut que je sois avec pour suiver le cabestan, au cas que.....

— Qu'est-ce que tu baragouines donc là, mon vieux? Il faudrait un peigne pour démêler ton histoire. Je n'y saisis rien. Je comprends bien le *marin*, parbleu! Mais de qui parles-tu?

— Je vas vous dire donc ça, reprit Gillioury, avec les points sur les *i*, et les noms des gens, qui mettront des feux au bout des vergues, que vous y verrez clair comme en plein jour.

Puis, tous deux cheminant de conserve, Biju ayant raccourci encore son allure pour s'accorder au boitillement du mathurin, le vieux raconta au docteur, par le menu, la scène du matin et ce qui l'avait précédée, les affres de Marie-des-Anges en querre de son gas, le retour de Marie-Pierre, sa saoulerie, son entêtement à repartir dans le sillage de sa donzelle, et comment la mère ne l'avait point voulu lâcher d'un cran et lui avait emboîté le pas. Gillioury était resté à la maison, chargé d'aider Naïk dans la besogne du port, vu que cette fine jeunesse n'avait pas les poignets pour haler sur les boîtes à homards. Mais la pauvre petite, eux disparus, avait prié et supplié son brave Bout-dehors de les rattraper, disant qu'elle ne serait pas tranquille sans cela. Le gas était si monté ! La mère si démontée ! Pour sûr il arriverait quelque chose ! Lui seul pouvait tenir la barre entre les deux, soufflés en tempête! Alors, dame, il s'était vite habillé sur son trente et un. Avec dix sous qui lui demeuraient en poche, il avait payé la goutte à Guillaume Hervé qui voiturinait des gens jusqu'au Pouliguen, et qui l'avait pris en lapin sur le siège, ce qui lui avait gagné du temps et les trois quarts de la route; et par ainsi il allait se trouver à Escoublac avant les autres, qu'il attendrait là et qu'il ne quitterait plus, et voilà!

— Naïk et la Marie-des-Anges sont des femmes, répondit le docteur. Elles s'épouvantent de rien. Comment ne leur as-tu pas dit, toi, mathurin salé, que la maladie du gas est une folie de printemps, pas plus? J'ai déjà endoctriné la vieille sur ce chapitre. Il faudrait lui faire comprendre qu'elle aguiche la soif du petit, en l'empêchant de boire. Laissez-le donc à son feu de paille, au lieu de verser de l'huile dessus.

— Mais pardon, excuse, m'sieu le major, ce n'est point un feu de paille, je vous le promets. J'ai vu ce que j'ai vu, moi, et je sais la chose qu'est la chose. Harné! vous pouvez m'en croire. Je suis un dur-à-cuire, pas vrai, et je n'ai pas le cul dans une jupe. Eh bien! jamais, entendez-vous, m'sieu le major, jamais je n'en ai rencontré un pincé comme ça. Je pensais de la même façon que vous, encore hier, quand je l'ai ramené à quai. Mais ce matin, je l'ai trouvé joliment la quille en l'air, plus sournois qu'un négrier, pavoisé en noir. Et ce qu'il caronadait en dedans contre son ancienne, c'était effrayant! Il renierait Dieu pour un bécot de son Allemande, que je vous dis.

— Elle est donc réellement enjôlante, cette femme? Hein, toi qui l'as vue?

— Couci couça, dire pour dire!

— Mais cependant?

— Ben, dame, oui, quand on la reluque d'aplomb. Sûr que j'en ai tâté de plus cossues dans mon temps! J'aime pas bien son gabarit sans bossoirs. Elle a plutôt l'air d'un moussaillon que d'autre chose. Et un moussaillon crevé, un moussaillon d'hôpital, qui maigrit de fièvre et se travaille de la courte. Seulement, elle vous a des écubiers damnatifs, quoi! Surtout pour un novice, qui sue d'amour. Elle vous regarde comme ça et comme ça, à travers son gréement de cheveux en or. Diables d'z-yeux, allez, tout de même! C'est gris, c'est vert, c'est couleur de temps qui change, c'est tout ce qu'on veut; mais ça vous déboutonne, enfin! En avez-vous déjà vu, m'sieu le major, beaucoup d'z-yeux de ce tonnage-là? Moi, c'est la première fois.

— Oui, répondit le docteur distrait, j'en ai déjà vu.

— Alors, vous comprenez?

— Je comprends.

Gillioury continuait à bavarder. Mais le docteur ne l'écoutait plus. Rêveur, laissant s'éteindre sa pipe au coin de sa bouche, la main pendante, le corps ballant, il pensait aux yeux pareils qu'il connaissait, aux yeux de Fernande, de sa femme. Elle aussi, elle avait ce regard de nuance indéfinissable, *couleur de temps qui change*, à la fois clair et obscur, terne surtout, mais d'un gris si grisant, si vert-de-grisé. Comme le mot de Gillioury était juste! Oui, ces regards-là, on eût cru qu'ils avaient des tentacules qui vous prenaient, des doigts mystérieux et lascifs!

— Et tu dis qu'elle a des cheveux en or?

— Oui, jaunes comme des jaunets du Mexique.

Le docteur se rappela les cheveux de Fernande, d'un blond cendré si doux. C'est ce blond cendré et cette douceur qui lui faisaient le regard encore plus étrange, à elle, plus chatouillant, plus enveloppant. Elle avait l'air tout ensemble d'une sainte Vierge et d'une Messaline. Elle vous donnait l'impression d'une religieuse qu'on trouverait au gros numéro.

—Mais, vous savez, reprit Gillioury, ils sont trop jaunes, pour sûr, trop en or. Ca ne paraît pas naturel qu'il y ait des cheveux comme ça.

Un violent coup de rêne tira en arrière Biju étonné, qui se demanda pourquoi son maître lui faisait ainsi faire halte brusquement, au beau milieu du chemin. A la dernière phrase de Gillioury, le docteur avait ressauté sur sa selle, avec un haut le corps, et avait presque crié au mathurin stupéfait :

— Qu'est-ce que tu dis là ? Pas naturel ? Comment ?

Gillioury crut avoir lâché une bêtise, se gratta le nez, remonta sa lippe, ne comprit pas en quoi il avait fauté, et répéta :

— Je dis la chose qu'est la chose, m'sieu le major. Ça ne paraît pas naturel, vrai de vrai. C'est comme qui dirait un chapeau en fils d'or.

— Tu veux peut-être parler d'une perruque ?

— Non dà. Je l'ai vue de tout près, la particulière ; elle a bien ses cheveux plantés à même la peau, à la façon de vous et de moi. Seulement, c'est la couleur qui ne paraît pas venue au monde comme ça. Dame! il n'y a rien de drôle, après tout, n'est-ce pas? Vous avez été dans les mers du Sud, m'sieu le major, et vous savez que les femmes s'y font les dents noires. Pourquoi que celle-là ne se ferait pas les cheveux jaunes?

Le docteur avait rendu la main à Biju, qui reprenait son pas tranquille. Un nouveau coup de rêne l'arrêta encore. Décidément, son maître avait la berlue! Et Biju pensait juste. Car c'est précisément ce que murmura soudain Cézambre:

— Non, non, ce n'est pas possible! J'ai la berlue! Je suis fou! Qu'est-ce que je vais m'imaginer là?... Ah! cette gueuse! J'y songerai donc toujours? A propos de tout? Cré nom!

Un moment cette idée absurde lui avait traversé la cervelle, que la femme aux cheveux teints, aux regard morne et lubrique, la femme après qui courait le gas Marie-Pierre, pouvait être Fernande. Quelles chimères insensées il se forgeait! En voilà des stupidités! Y avait-il une apparence de raison, à se tourmenter de la sorte par des suppositions biscornues !

Et pourtant, qui sait? Le hasard est si bizarre! Puis, cette misérable était si perverse ! Mais alors, elle serait venue ici exprès, pour le troubler, le déshonorer! Allons donc! c'était idiot de ruminer des inventions pareilles ! A quoi bon ce retour offensif? Dans quel but? Dans quel intérêt? Après dix ans ! Oh! non, certes, il n'y avait pas de bon sens, de s'arrêter, même une seconde, à ces bêtises !

Ainsi réfléchissant, le docteur ronchonnait à mi-voix, et agaçait de ses gestes les rênes du pauvre Biju, qui s'impatientait, renifflait, fouillait le sol du pied. Gillioury comprenait de moins en moins, cherchait quels rapports pouvaient exister entre les cheveux jaunes d'une inconnue et l'évidente tristesse du docteur. A part lui, il n'était pas éloigné de croire que m'sieu le major avait la boule un brin détraquée. Ces médecins, ces savants, des bons hommes pas comme les autres !

— Mais quel âge a-t-elle, cette femme, voyons? dit le docteur après un très long silence..

Gillioury leva les sourcils, s'allongea le nez en l'étirant ainsi qu'une pâte de guimauve, fit ploc ploc ploc plusieurs fois avec sa lippe. Cézambre le considérait anxieusement. On eût dit que tout son être était absorbé dans la réponse attendue, que sa vie allait en dépendre.

— Ma foi! prononça enfin Gillioury, pas commode à savoir, ça! M'est avis que les rides de la donzelle ne sont peut-être pas une preuve d'âge. Des peaux de cette peau-là, ça doit se dessaler vite. Faudrait voir! Faudrait tâcher moyen de prendre le point, de calculer.

— Mais, à ton idée? A première vue? Quel âge lui as-tu donné d'abord?

— D'abord? Harné! d'abord, je l'ai crue une petite pévouine, pas davantage. Seulement, de près, en ouvrant l'œil, et le bon, j'ai saisi la chose qu'est la chose, son signalement, quoi ! Mais, si j'étais grippe-jésus chargé d'écrire son livret, je tournerais joliment ma plume avant de chiffrer son âge.

— Enfin, enfin, ton dernier mot ?

— Dame ! au moins dans les quarante ans, pour tout dire.

Un grand soupir de soulagement détendit la poitrine gonflée du docteur, qui ne put s'empêcher de s'exclamer :

— Ah ! je savais bien que j'étais fou, archifou ! Parbleu ! ce n'est pas elle.

Tout en cherchant son arrêt définitif, Gillioury avait bourré sa pipe. Le docteur ralluma la sienne, tendit son briquet au mathurin, et tous deux continuèrent à descendre vers Escoublac, devisant de choses et d'autres maintenant, du temps passé, surtout du temps de mer, des pays vus jadis, des bateaux qu'ils avaient connus.

— Hé ! vous avez navigué sur la *Jeanne-Goberge*, m'sieu le major ? Pas possible ? Et quand donc ça ?

— Alors tu as eu Riboulet, de Marseille, pour capitaine? C'est singulier !

Gillioury grattait de la main les cordes imaginaires de son *banjo* absent, et rappelait des commencements de chansons matelottes. Le docteur fredonnait au souvenir. Biju voulait allonger le pas ou danser en trottinant, pour marcher au rhythme des airs. Les gens se disaient en les voyant passer, si souriants :

— Il n'y a encore que les vieux marins pour avoir toujours le cœur gai.

XXI

A Escoublac, on faisait halte chez le père Lanthoine, à la renommée des œufs frais. Les fillettes restaient à jaboter devant la porte, tandis que les hommes et quelques commères à coëffe noire lampaient des bolées de cidre ou un petit godet de raide. Les plus huppés, les gas à trois gilets, se donnaient le genre d'imiter les voyageurs, gobaient des œufs en clappant de la langue. On s'écarta respectueusement pour faire place au docteur, qui laissa Biju débridé, les naseaux dans une auge pleine de barbottage, et poussa devant lui Gillioury, embarrassé de tant d'honneur.

— Allons, mon vieux, avait dit M. Cézambre, un verre d'angevin, ça te va-t-il? A la santé de nos tours du monde, que nous ne ferons plus!

Gillioury, rouge de joie, se tenait assis loin de la table et buvait lentement, le coude à la hauteur de l'œil. Et chacun de penser comme lui-même :

— Quel brave homme que ce docteur! Pas fier, hein! Et franc d'encolure avec les honnêtes gens.

Et quand les buveurs se furent de nouveau éparpillés sur le chemin, le mathurin, encore ému, ne put s'empêcher de le lui dire :

— On voit bien que vous n'êtes pas un terrien, vous, m'sieu le major. Vous aimez comme ça les vieux goudronnés. Aussi, voyez-vous, je reviens à la chose qui me tracasse, que j'en ai là un cancrelat dans la boule. A l'histoire du gas, quoi! Son père était un fin marin, vous savez, l'homme à Marie-des-Anges. Et il m'est cher pour ça, le gamin, comme si qu'il serait mon petit. Alors, pour lors, harné! il faut que vous nous aidiez à le démarrer de son banc de sable, vous qui êtes si bon et si savant. N'y a que vous, foi de Bout-dehors! N'y a que vous qui le ferez marcher droit, qui le ferez venir au lof. Pardon excuse, si je vous embête avec ça; mais, vrai de vrai, ça me travaille.

— Et que diable veux-tu que j'y fasse?

— Lui parler, le raisonner, lui dire ça et ça, je sais pas, moi; mais vous saurez bien, vous. Quand je pense qu'il saille de l'avant contre son ancienne, à c't'heure! Qu'est-ce que j'y peux, moi, avec ma patte éclopée, mon œil en voyage, mon bagout de gabier et mes chansons de dessous le nez? N'y a que vous, m'sieu le major, n'y a que vous pour lui donner de la garcette.

— J'essaierai, mon vieux, puisque tu y tiens. Attendons alors. Ils vont arriver bientôt, sa mère et lui. Nous ferons route ensemble. Je lui dirai deux mots.

Une demi-heure plus tard, comme ils bavardaient encore, Gillioury cligna soudain de l'œil, et, par la fenêtre ouverte, montra au docteur Marie-des-Anges et le gas qui cheminaient silencieusement. Le gas faraudait, en ses habits les plus fins, les cuisses gênées par sa culotte que remontaient des bretelles, le buste boudiné dans sa jaquette des dimanches, devenue trop étroite. Sous un chapeau melon, à la mode de la ville, ses cheveux raides luisaient, gras de pommade. On voyait qu'il s'était fait beau. Marie-des-Anges était toute en noir, droite dans son long corset breton, encapuchonnée sévèrement dans sa coëffe de veuve. Tous deux avaient la figure aigre, serrée, les sourcils coupés d'une grosse ride. A leurs bouches closes, à leurs lèvres froncées obstinément, comme cousues, on comprenait qu'ils n'avaient pas dû échanger une seule parole depuis leur départ du Croisic. C'était bien la guerre déclarée entre eux. Même, le voyage était sans prétexte. Les fameux homards étaient restés dans leur casier. La vieille, pourtant âpre au gain, ne les avait pas emportés. Elle allait afin de suivre son gas, sans plus. Et lui, il allait afin de suivre sa folie. Une sourde et furieuse colère bouillait dans leur cœur, flambait dans leurs yeux. Au lieu d'une mère avec son fils, on eût dit deux ennemis enchaînés ensemble, muets, obscurs, frénétiques et têtus.

— Hein ! m'sieu le major, vous les voyez. Deux boulets ramés, quoi ! dont l'un serait français et l'autre engliche. C'est pas pour de rire, harné ! Ça vous tire plutôt les larmes, pas vrai ?

Le docteur sortit, suivi du vieux matelot, et les hêla. Marie-des-Anges s'approcha avec un éclair d'espérance dans le regard. Elle avait compris tout de suite la manœuvre de Gillioury et l'intervention possible de M. Cézambre. Le gas, lui, tourna seulement la tête, ramena plus dru ses sourcils l'un contre l'autre, et continua son chemin après un sec :

— Bonjour, monsieur le docteur.

Alors Cézambre rajusta d'un tour de main la gourmette de Biju, passa les rênes dans son bras ; puis, menant derrière lui le bidet par la figure, rejoignit le gas et se mit à marcher à côté de lui. Marie-des-Anges et Gillioury les suivaient de loin, essayant de saisir le sens des paroles qu'il disait, cherchant à deviner par l'allure de Marie-Pierre comment le morigéné prenait la semonce.

Semonce bien douce, à n'en pas douter. Car le docteur parlait sans éclats de voix, sans grands gestes, amicalement. Il frappait de temps à autre sur le dos du gas, de petites tapes conciliantes. Deux ou trois fois, il lui fit faire halte, le campant devant lui face à face, l'empoignant comme au collet, mais avec un sourire. Il lui démontrait quelque chose par une rapide secousse de l'index. Biju, en ces moments, s'arrêtait aussi, appuyait sa grosse tête sur l'épaule de son maître, soufflait au nez du gas. Celui-ci, la mine moins aigre, les sourcils détendus, écoutait. Toujours sans répondre néanmoins. Les raisons semblaient glisser sur lui plutôt que le pénétrer. Il ne rétrigotait pas, il est vrai, même par des hochements de caboche, et toute autre que sa mère eût pu le croire soumis. Mais, elle, le connaissant, comprenait bien qu'il ne se rendait pas, rien qu'à sa contenance sournoise, rien qu'à ses yeux vagues, qui regardaient au loin entre les paupières croisant leurs cils.

Le docteur, lui, s'y trompa, et, au bout de dix minutes, voyant le gas comme radouci, sans objection aux arguments, sans résistance, humble, passif, presque penaud, il s'imagina l'avoir enfin persuadé.

— Eh bien! lui fit-il, c'est entendu! A la bonne heure, te voilà raisonnable. Tu vas être bien sage, et retourner au Croisic avec ton ancienne.

Il dit cela d'une telle assurance, à voix haute si convaincue, que Gillioury et Marie-des-Anges eurent une seconde de joie, et s'approchèrent, ravis.

— C'est-il Dieu possible? C'est-il vrai, Jésus-Marie? soupira la bonne femme.

Le gas fit un mauvais sourire, à peine dessiné cependant, mais qui suffit à dissiper l'illusion de la vieille.

— Eh non! s'écria-t-elle en lui montrant le poing. Non, ce n'est pas vrai, méchant vaurien. Je le vois bien à ta mine de bouc entêté. Tu t'es foutu de môssieu Cézambre comme de moi!

Il n'ouvrit toujours pas la bouche, mais continua de marcher, plantant là, sans plus de cérémonie, le docteur, qui n'en revenait pas, d'une pareille tenacité, et grognait entre ses dents :

— Breton, va, fils de Breton!

Gillioury était piteux, déconfit, débouté de son suprême espoir. Il se demandait s'il ne fallait point sauter sur le gas, lui travailler les côtes à coups de savates, le ramener de force à la maison, sous une dégelée de tire-t'arrière. Mais, comment? Lui si démoli, si mal gréé à c't'heure, avec sa guibole boiteuse, et ses bras rouillés, et toutes les avaries de sa coque en retraite, comment pourrait-il saborder ce gaillard-là, d'aplomb et trapu, qui faisait la loi à tous les gas du pays? Et cependant, bien sûr, une bonne roulée le remettrait au nord. Ah! c'est la vieille qui devrait se charger de ça, lui tricoter les joues, lui flanquer une double ration de sucre de giroflée! Il n'oserait pas lui rendre la monnaie de sa pièce, à elle, à son ancienne! Eh! nom de bleu! qui sait? Il était si buté, la petite brute! C'est infernal, ces fous-là, quand ça vous a pris la gueulée pleine au boujaron d'amour! Mais quoi faire, harné! quoi faire, alors?

Toutes ces idées avaient passé rapidement par la tête de Gillioury, en voyant la vieille qui suivait le gas, poing tendu, déblatérant, la mâchoire en avant, ainsi qu'une boule-dogue. Elle cessa brusquement, se remit à marcher d'un pas calme, parla soudain sec et froid.

— Et puis, non, dit-elle. Je n'en suis plus

à me colérer comme à c' matin. Tu serais trop content, sans cœur. Non ! J'ai mon plan. Nous verrons voir qui est-ce qui rira pour finir. Harné ! Caboche à caboche, mon gas. Têtu, si tu veux ! Mais je t'en revendrai, du têtu. T'es le fils de ta mère, va. Je ne céderai point.

Et l'on recommença à cheminer silencieusement. Le gas et la vieille allaient chacun sur un des bords de la route, se jetaient des regards furieux, de côté. Au milieu, Gillioury traînait la jambe, ruminait des projets impossibles. Le docteur philosophait tout seul derrière, absorbé, réfléchissant à cette folie du rut qui bestialise les hommes, se rappelant que lui aussi, jadis, avait connu ces fièvres du désir, ces exaspérations de la volonté, ces soifs de saoûlerie sensuelle. Attristé, non pas indigné, il plaignait le gas, le trouvant moins coupable que malade. Il se disait :

— Ah ! les femmes ! Comme on serait heureux sans ces garces-là !

XXII

Comme on approchait de Saint-Nazaire, à l'avant-dernier tournant de la route, Biju, toujours mené par la figure derrière le docteur pensif, l'arracha soudain à ses réflexions en poussant un hennissement joyeux. Il avait flairé à l'horizon ses camarades du landau, qui bientôt stoppèrent, pendant que Cézambre escaladait le marche-pied.

— Eh! bonjour, Adelphe, comment allez-vous?

— Et vous-même, docteur?

— Diable! mais vous avez tous une figure d'enterrement.

— Oh! pour moi, c'est bien de circonstance, n'est-ce pas?

— Vous voyez, docteur, interrompit le comte, voilà comme il est aimable depuis Nantes.

— Ma foi! dit le chevalier, il joue dans tes cartes. A vous deux vous avez tous les piques.

— Ce qui ne les empêche pas d'avoir du cœur, fit gracieusement l'abbé Calvaigne, qui continua et accentua l'allusion avec un sourire distribué à la ronde, et sur un ton flûté.

— Charmant, charmant! glapit ironiquement Adelphe. Mon Dieu! comme on est donc spirituel à Guérande! C'est étonnant qu'avec tant d'esprit on s'y fasse aussi vieux!

Sur le bord du chemin, le gas s'était arrêté. Il contemplait attentivement ces gens qui revenaient de Nantes, et qui peut-être avaient vu la fugitive. Il fixait en particulier ses yeux sur le comte, qu'il avait naguère aperçu, à plusieurs reprises, rôdant par les dunes, surtout aux environs de la baie des Bonnes-Femmes, curieux, quasi furtif, comme ramené dans ses promenades vers la petite maison. Il n'avait pas alors remarqué autrement ces allées et venues. Il se les rappelait maintenant. A coup sûr, celui-là n'avait pas vagabondé par là uniquement pour tuer des mouettes, si loin de Guérande! Est-ce que ce serait un amoureux, un adversaire? A cette idée, la face du gas se contracta davantage, avec un regard en dessous, noir, torve.

Marie-des-Anges et Gillioury s'étaient arrêtés pareillement, après un respectueux bonjour, et, de l'autre bord du chemin, tous deux avaient observé l'assombrissement de physionomie du gas, mais sans le comprendre.

Cela n'avait pas échappé non plus à d'Amblezeuille, qui en même temps constata une certaine inquiétude sur le visage du comte, gêné par la muette, interrogative et ténébreuse contemplation du jeune homme. Sans plus ample renseignement, le chevalier devina que ce devait être là ce Marie-Pierre, qui avait, comme il disait l'autre jour, coupé l'herbe sous le pied au vieux Kernan. Il voulut en avoir le cœur net, et ne pas manquer l'occasion qui se présentait de taquiner un brin son ami, en lui faisant honte d'une rivalité semblable.

— Dis donc, petit gas, fit-il à brûle-pourpoint, est-ce que tu n'es pas Marie-Pierre?

— Oui, m'sieu.

— Ah! ah! Et où vas-tu, comme ça?

— Je vais à mes affaires, dà!

Quelque peu interloqué par cette brève et mal accommodante réponse, le chevalier s'en consola en voyant blêmir le comte, qui dit brusquement:

— Laisse donc les gens tranquilles, d'Ambrezeuille. Et, filons! Voilà le docteur en selle. Le déjeuner nous attend.

Le cocher avait déjà rendu la main et cliclaquait du fouet et de la langue pour lancer ses chevaux, quand Marie-Pierre, au risque de se faire rouer, s'accrocha vivement à la portière, des deux poignets, et allongea sa tête à l'intérieur de la voiture, comme pour examiner le comte de plus près, dans le blanc des yeux.

— Il est fou ! s'écria Marie-des-Anges, qui fit aussitôt le tour du landau pour le rejoindre.

Le docteur avait vite poussé Biju devant l'attelage, en travers, craignant que le gas ne fût écrasé. Plus prompt encore, tout en claudicant, Gillioury s'était jeté à la bouche des chevaux et les maintenait.

— Eh bien ! quoi ! qu'est-ce qu'il y a? fit le comte, qui s'était instinctivement renfoncé contre la capote, reculant du buste sous le regard fixe du gas.

D'une voix sourde, presque basse, sifflante entre ses mâchoires serrées, Marie-Pierre lui dit, à deux pouces du visage :

— Vous l'avez vue, n'est-ce pas?

Adelphe, que cette figure soudainement apparue avait effrayé d'abord, trouva très drôle en ce moment l'air décontenancé de son grand père, se colla son monocle sous l'arcade sourcilière, s'esclaffa.

— Ah! ne riez pas, vous, le sardinot! grogna Marie-Pierre. N'y a pas de quoi rire.

Le chevalier avait levé sa canne à demi.

— Touchez point! lui cria le gas, en grinçant des dents.

— Voyons, mon ami, interrompit doucement l'abbé Calvaigne, qu'est-ce que vous demandez? Expliquez-vous, soyez calme. Il faut s'entendre. Vous comprenez qu'on ne parle pas ainsi à monsieur le comte, comme un furieux, un énergumène. Voyons, mon ami, mon enfant.

— Eh! répliqua Marie-Pierre d'un ton plus doux, je ne lui veux pas de mal non plus, m'sieu le curé. C'est pour savoir seulement. Pour savoir. Parce que je suis bien sûr qu'il l'a vue. Il la connaît, lui. Il l'a vue, j'en réponds.

Il se pencha de nouveau vers le comte, le tenant sous ses yeux braqués, et, d'un ton moins âpre, presque suppliant, il répéta :

— Pas vrai? Vous l'avez vue, hein?

— Qui ça? qui? balbutia le vieillard, qui essayait en vain d'éviter ce regard farouche et qui se sentait tout piteux sous les curiosités d'Adelphe.

Marie-des-Anges tirait le gas par la basque de sa veste. Il lui résista d'un violent mouvement d'épaules. Puis, s'approchant encore du comte, comme s'il n'osait lui dire cela qu'à l'oreille, il murmura:

— Elle! Elle!

En s'inclinant si fort vers la banquette du fond, il avait détendu la serrade de ses poignes sur le rebord de la portière, s'était haussé à la pointe des pieds, ne tenait plus en équilibre que par sa poitrine appuyée. Juste à ce moment, Marie-des-Anges revenait à la rescousse sur les pans de sa jaquette, aidée de Gillioury qui avait quitté la tête des chevaux immobiles et saisi le bras du gas, comprenant le désir de la vieille. D'une forte secousse, en même temps, ils le tirèrent tous deux en arrière.

Il lâcha prise, recula en chancelant, faillit tomber, s'empêtra dans un faux pas.

— Fouette ! avait crié le comte.

Le cocher qui regardait la scène, tourné sur son siège, ayant saisi le joint, enleva ses bêtes, au nez de Biju cabré qui suivit le mouvement. La voiture et le docteur partirent au galop, dans un nuage de poussière.

— Nom de Dieu ! hurla le gas en se remettant d'aplomb.

Et, se débarrassant de Gillioury qui s'étala par terre, de sa mère à qui une basque resta aux poings, il bondit après le landau avec des ahans de rage.

Mais le docteur avait vu le coup de temps, tout en maîtrisant Biju qui faisait des sauts de mouton, des voltes, des pointes, absolument inaccoutumés. Pour couper court à cette poursuite folle, il rebroussait chemin, barrant le passage. Le pauvre Biju dut poitrailler contre le gas lancé, reçut une claque en pleins naseaux, s'ébroua, tandis que le docteur parlementait, toujours poussant Marie-Pierre vers le bord de la route :

— Allons, allons! reste là, petit gas! A quoi bon? Reste là! Chut! chut! Assez!

Le gas furieux, impuissant, acculé contre la haie par le houseau de Cézambre, se débattait, écumait, clamait :

— Je veux le joindre! Je veux le joindre! Il l'a vue. Il l'a touchée. Il la sent, que je vous dis, il la sent. Faut qu'il me dise où elle est. Laissez-moi! Grand lâche, va! cré cochon de cheval!

— Ah! le vilain pou crochard! grommelait Gillioury, en se relevant avec peine.

Marie-des-Anges, qui accourait, criait de loin :

— Prends garde, mon gas, prends garde! Tu vas te faire mal.

Cependant, là bas, la voiture filait, et disparut après la montée prochaine, avec une avance et d'un train qui interdisaient désormais tout espoir de la rattraper.

— Eh bien! voyons, dit le docteur. Est-ce fini? Là, là, du calme! Que diable! tu ne les joindras plus maintenant, va! Sacrebleu! quel avale-tout-cru!

Il fit hancher Biju, qui laissa le champ libre à Marie-Pierre. La main au-dessus des yeux, le gas, interrogeant l'horizon, aperçut le landau comme un point dans le haut de la troisième montée, après quoi il n'y avait plus que descente jusqu'à Guérande. Il demeura planté sur ses jambes, encore tremblantes des efforts derniers, les sourcils en paquet, les poings crispés, le regard féroce. Il rognonnait tout bas, hochait la tête, mâchait sa bave.

— Dis-moi, Gilloury, fit le docteur, tu sais, si ça ne tourne pas bien, quoi qu'il arrive, compte sur moi, et viens me chercher. Il faut s'attendre à tout, avec un enragé pareil.

— Oh! oui-dà, pour sûr, à tout! répéta Marie-Pierre. A tout! Parce que je le connaitrai bien, si la chose est vraie. Et alors!

— Quelle chose?

— Suffit! suffit! Je me comprends. Allez à vos affaires, m'sieu le docteur, et moi aux miennes. Oh! je la trouverai, harné! Et nous verrons voir. Et alors!

Il tourna le dos, et, tandis que le docteur piquait des deux vers Guérande, il reprit sa marche du côté de Saint-Nazaire, en se tapant les cuisses comme un qui discute tout seul. La vieille le suivait, redevenue silencieuse, tournant et retournant le pan de veste, qu'elle n'avait point lâché. Gillioury pressa le pas pour entendre ce qu'il rauquait à part lui, et il perçut ces paroles entrecoupées, jetées furieusement :

— Malheur! si c'était vrai! Malheur! Le sale vieux! Il la sentait. Il l'a touchée. Il sentait sa peau.

XXIII

— Vois-tu, Mariette, disait la Glu en s'habillant, les femmes ont beau être rusées; il y a encore quelqu'un de plus roublard que nous : c'est le hasard. Quand on l'a contre soi, bonsoir les combinaisons! Mais quand on l'a pour, les sottises mêmes vous réussissent.

Ce qui la mettait ainsi en humeur de philosopher, c'était le résultat imprévu de sa fugue à Nantes, la nuit qu'elle venait de passer avec le comte, les confidences qu'elle avait reçues entre le drap et l'oreiller, et le plan qu'elle en avait aussitôt tiré au profit de son amusement et de ses affaires.

— Tu comprends, reprit-elle, il faut que j'aie décidément la veine; une vraie main! Les choses ne s'expliquent pas différemment. Car, entre nous, ce n'était pas un chef-d'œuvre de malice que mon voyage au Croisic. J'ai trop d'intérêts en souffrance à Paris. Autre gaffe : mon béguin pour ce petit sauvage. Et tout ça tourne bien! Est-ce drôle!

— Pardon, madame; mais je ne vois pas trop en quoi ça tourne bien!

— Bête, va. Pourquoi ai-je quitté Paris? Pour me décramponner tout à fait de cet imbécile qui, panné, décavé, commençait à me porter la guigne. Eh bien! au retour, je pouvais le retrouver planté là, n'est-ce pas? Maintenant, plus de danger! Tu dois voir d'ici la mine qu'il fera quand je lui dirai : « Mon petit, j'étais partie du côté de chez toi, pensant bien que ce n'est pas par là que tu viendrais me chercher; et sais-tu ce que j'y ai fait, chez toi? — Non. — J'ai couché avec ton grand'père! » Ah! ah! ah! crois-tu que ce sera farce, hein, Mariette! Et, ce qu'il y a de plus fort, c'est que la scène aura lieu demain, si je le veux. Allons-nous rire!

— Comment cela, demain?

— Peut-être tantôt. En ce moment, le comte est en train de moraliser vertueusement son gredin de petit-fils, qu'il a été recevoir ce matin à la gare. Il ne se doute guère que c'est de moi qu'Adelphe voulait faire une vicomtesse de Kernan des Ribiers. Quand ils vont se rencontrer tous les deux en face de moi, tableau!

— Et le sauvage, dans tout cela, madame, qu'en faites-vous?

— Tu vois bien qu'il m'a déjà servi à quelque chose. Sans la toquade que j'avais pour lui et dont j'étais lasse, je ne serais pas venue ici. Le hasard, je te dis, le hasard! Quant à la suite, dame, nous verrons. Maintenant que j'en ai assez, de ma brute, j'en jouerai. Je rendrai le vieux très jaloux. Je l'allumerai. Sais-tu qu'il a trente mille livres de rente, ce grand papa-là! Eh bien! je n'aurai pas perdu le temps de mes vacances.

Joyeuse, rieuse, la Glu se tirait la langue dans son miroir et battait des mains en sautillant comme une petite fille. Ce premier accès d'allégresse passé, elle réfléchit, se dit qu'il ne fallait rien brusquer, que tout s'arrangerait en douceur là-bas, dans sa maison de la baie des Bonnes-Femmes, si tranquille, isolée. Elle déjeuna donc à l'hôtel, ne sortit pas afin de ne point rencontrer les des Ribiers, et prit seulement le train du soir après avoir griffonné et jeté à la poste le billet suivant :

« Monsieur le comte des Ribiers,
à Guérande.

« Je serai chez moi demain, mon cher. Venez donc m'y dire un bonjour en passant. Je vous dirai mon petit nom, qui vous a tant intrigué, et que vous ne savez toujours pas. Je signe comme vous m'appeliez si gentiment :

« GAMIN. »

En wagon, elle continua d'être gaie, bavarde, étourdissant Mariette de ses projets, répétant sans cesse :

— Oui, oui, décidément j'ai la veine; une vraie main, vois-tu !

Elle venait encore de le dire, en se frottant les paumes, quand, au sortir du quai d'arrivée, pendant qu'elle donnait à l'employé son billet, elle aperçut, parmi les gens qui attendaient les voyageurs, le gas immobile au premier rang.

A tous les trains qui s'étaient dégorgés là depuis le matin, il avait fait ainsi le guet, sans se décourager, espérant toujours la voir. Guillaume Hervé, rencontré dans Saint-Nazaire, lui avait appris que la femme conduite par lui était à N ntes. Aller la chercher là-bas, au milieu du fourmillement de la grande ville, il n'y fallait guère songer. Si impatient qu'il fût, Marie-Pierre avait raisonné. Elle reviendrait sûrement par ici. En se postant là, pas moyen de la manquer. Eh bien ! il monterait la garde tout le jour, et puis toute la nuit, et encore le jour d'après, et indéfiniment, jusqu'à son retour. Il avait dit à sa mère et à Gillioury qu'ils pouvaient retourner au Croisic ou coucher à l'auberge, c'était leur affaire, mais que lui, il ne bougeait pas de la gare, et il s'était installé sur un banc de bois, avec une miche de pain de quatre livres, un morceau de fromage, un litre de cidre. Marie-des-Anges, sans rien répondre, s'était assise sur un banc voisin. Gillioury et elle avaient déjeuné là aussi, puis dîné, d'un peu de pitance que le matelot avait été quérir au prochain débit. A tous les trains, quand le gas se levait et allait se planter en sentinelle devant la porte où l'on rend les tickets, la vieille et Gillioury le suivaient. Tous deux étaient rompus, et de la route faite au matin, et de cette interminable faction, et des angoisses renaissantes à chaque nouvelle fournée de voyageurs. Lui, les membres alourdis, les yeux et la cervelle brouillés, il se raidissait dans son entêtement, prenait rang le premier, examinait fiévreusement toutes les figures, demeurait encore béant quand le dernier arrivant était passé, s'imaginait que la porte refermée allait se rouvrir pour elle, avait des envies de crier à l'employé :

— Mais où est-elle donc ? où est-elle ?

Cette fois, de guerre lasse, épuisée, croyant d'ailleurs qu'il n'y avait plus grand'chose à craindre maintenant qu'il était nuit close, Marie-des-Anges s'était assoupie dans le coin le plus sombre de la salle des Pas-Perdus, loin du bec de gaz central, dont la lueur dansante lui picotait les paupières. Près d'elle Gillioury pareillement somnolait, en fumant, par bouffées irrégulières, sa vingtième pipe pour le moins. Le train apportait peu de monde, des gens à moitié endormis aussi, qui s'écoulaient sans tapage, si bien que la vieille et le mathurin n'en furent pas réveillés tout d'abord.

Le gas s'aperçut de cette chance, et, d'une voix basse, dit à la Glu, que sa présence avait interloquée :

— Chut! mon ancienne et Gillioury sont là-bas. S'ils nous voient, c'est du pétard. Elle est sens dessus dessous. Faut tout de même que je te parle. Sors, sans faire semblant de rien. Je te joins dehors.

La Glu, sans se troubler maintenant, répondit :

— Donne-moi les clefs.

En même temps, elle rabaissait vivement sa voilette jusqu'à son menton, relevait le grand col rabattu de son ulster, disait à Mariette :

— Cours vite choisir une bonne voiture. Fort pourboire! Nous allons tout droit à la maison.

Puis, tapant nerveusement du pied, elle répéta au gas :

— Donne-moi les clefs.

— Non dà, répliqua-t-il. Je pars avec toi.

Il entendit alors le pas boîteux de Gillioury, levé enfin, mais non accompagné par la vieille. Il se retourna, alla au devant du matelot, lui masqua la Glu qui filait au bras de Mariette, au milieu d'un groupe de sortants.

— Eh bien! mon vieux Bout-dehors, lui dit-il d'un ton amical, toujours rien! J'y renonce, va. Nous coucherons à l'auberge.

Quoique surpris de ce changement, Gillioury s'y laissa prendre. Il était si las, lui! Il comprenait bien que le gas en eût assez. Joyeux, il ouvrait déjà la bouche pour appeler Marie-des-Anges.

— Non, non, fit le gas en lui mettant la main sur les lèvres.

Puis, avec une hypocrite pitié, il ajouta :

— Ne la réveille pas encore, puisqu'elle se repose, la pauvre ancienne! Je vais voir à trouver par là une bonne chambre pour qu'elle y continue son somme. Espère-moi un peu. Je reviens tout de suite. Laisse-la dormir en attendant.

Il sortit, mais si vite que, cette fois, le mathurin eut un soupçon. Au lieu de retourner vers Marie-des-Anges, il fit un crochet vers la porte et arriva juste à temps pour voir le gas qui voulait escalader de force une voiture où se trouvaient déjà deux femmes.

— Je ne veux pas que tu viennes maintenant, disait la Glu. Je ne veux pas. Je ne veux pas. Tu viendras demain. Donne-moi les clefs.

— Non, non, ripostait Marie-Pierre. Tout de suite. Je veux te parler. Rapport au vieux, tu sais. Faut m'entendre. Filons ! Mon ancienne va se réveiller.

— Ah ! le salop ! cria Gillioury, comprenant tout.

A ce cri, Marie-des-Anges accourut, effarée. Mais, avant qu'elle eût pu se rendre compte de ce qui se passait, avant que Gillioury eût dégringolé les six marches du perron, le gas avait sauté sur le siège de la voiture, à côté du cocher stupéfait (un qu'il connaissait, d'ailleurs), lui avait arraché des mains les guides et le fouet, et avait enlevé les deux bidets ventre à terre, en disant :

— Bouge point, Joseph Larmuse, où je te fous en bas.

La vieille essaya de prendre son élan pour les suivre, et Gillioury de même, malgré sa quille en retard. Mais, au bout de vingt pas, ils s'arrêtèrent, sentant bien que c'était inutile. La voiture détalait par la rue déserte, à se casser les roues au heurt des pavés, poussée à fond de train par le gas qui tapait à tour de bras sur les bêtes. A peine entendait-on encore, au loin, le fracas de la caisse secouée, les cris peureux des deux femmes, les hue! hue! frénétiques de Marie-Pierre.

— Harné! fit Gillioury essoufflé, le vilain petit bougre! Qu'est-ce que vous en dites, la mère?

— Je dis qu'il ne perdra pas pour attendre, répondit la vieille d'une voix tranquille.

Et, sombre, farouche, domptant sa fatigue, ruminant sa colère, les yeux secs, le buste redressé, elle se remit en marche d'un pas résolu, en ajoutant :

— Allons, Gillioury, du cœur aux jambes, mon vieux! Faut maintenant le relancer au gîte. C'est encore quatre lieues à refaire.

Gilloury débourra sa pipe, se fit une chique avec le culot, et répliqua simplement :

— Allons-y.

XXIV

D'abord la Glu avait été furieuse de trouver Marie-Pierre si peu docile, si obstiné à partir avec elle malgré elle. En le voyant ensuite escalader le siége, brûler le pavé, effarer les chevaux de coups de fouet, elle avait pris peur.

Il emballait les bêtes, s'emballait lui-même. La voiture penchait, sursautait, plongeait, comme une barque sur une mer houleuse. C'était un ahurissement d'ouïr le tintamarre que sonnaient les ferrailles de la guimbarde disloquée, les vieilles roues aux jantes disjointes, au moyeu mal graissé de cambouis rance, le coffre au couvercle débouclé, les ressorts grinçants, les courroies envolées et claquant sur le cuir ballonné de la capote, et tout cela parmi les glapissements aigus, enragés du gas, et le houhou du vent engouffré dans le cabriolet, et le tonnerre quadrupédant de la galopade.

Serrée contre Mariette, le cœur manquant à chaque foulée des chevaux qui emportait la voiture ainsi que dans une descente de balançoire, les yeux clos de terreur, la Glu poussait des cris. Mariette, épouvantée aussi, et plus encore en sentant sa maîtresse perdre la tête, faisait chorus. A tout moment, les deux femmes se croyaient près d'être écrabouillées, au milieu d'un grand vacarme final, contre ce mur de ténèbres où les chevaux donnaient éperdûment du front, bondissant, fantastiques, avec leurs maigres crinières qui flamméchaient dans la lueur tremblotante de la lanterne.

Mais, le premier effroi passé, la Glu se délecta de cette course diabolique. En même temps elle admirait le gas, saoul de vitesse, fou de colère, incliné sur l'attelage, soufflant sa volonté aux bêtes, fouaillant, jurant, ululant, ses longs cheveux en ligne horizontale derrière lui, le corps tout entier soulevé par l'élan intérieur, superbe, féroce, la veste enflée, flottante, boutons sautés, et le fouet brandi au bout du poing, pareil à un hussard qui charge et qui sabre.

— Regarde-le donc! s'écria la Glu à l'oreille de Mariette. Crois-tu qu'il est beau comme ça, l'animal!

— Oui, madame; mais il va nous faire casser la tête.

— Ah! poltronne! Moi je m'amuse tout plein, maintenant. Non, regarde-le! regarde-le! A-t-il du sang, hein!

Et, se dressant, elle faisait hop! hop! Puis une secousse la rasseyait violemment, et elle riait alors des peurs de Mariette, et répétait :

— Est-ce drôle, tout de même, d'être enlevée, comme dans les romans!

Cependant les chevaux commençaient à ronfler, l'haleine courte. Leur poil, écumant sous les harnais, fumait en brume si épaisse que la lanterne en était obscurcie. Leur train ralenti, en vain ranimé par les coups de fouet, ne tirait plus la voiture qu'en saccades, avec des cahots de côté. Plusieurs fois déjà Joseph Larmuse, un peu rassuré à présent sur son propre sort, avait dit :

— Laisse-les souffler, eh! Marie-Pierre! tu vas me les crever. Ils nous planteront là. Ils n'en peuvent mais. Voyons, voyons, faut être raisonnable, après tout.

Le gas répondait toujours, en redoublant la dégelée :

— Harné! La mère aux chevaux n'est pas morte. Hue! hue!

Enfin l'une des bêtes manqua du pied, faillit s'abattre, prit le trot en bahutant sur ses jambes raides. L'autre suivit, battit le traquenard. La flèche de l'attelage zigzaguait. Il fallait décidément modérer l'allure. On était, d'ailleurs, diablement loin de Saint-Nazaire, plus d'à moitié chemin, tranquille contre toute poursuite. Alors Marie-Pierre rendit les guides à Joseph Larmuse, se retourna, enjamba le siége, sauta dans la voiture.

— Petit fou, va! fit la Glu en l'embrassant.

Il était accroupi devant elle, n'osant s'asseoir sur la banquette unique, étroite, où il n'y avait pas de place entre les deux femmes. Il ne savait non plus que dire, encore étourdi de sa course, puis soudainement grisé par ce baiser inattendu. Il s'attendait, en effet, à des reproches, après sa désobéissance et son acte d'autorité qui avaient si fort coléré l'autre tout à l'heure. En outre, même sous le baume de ce baiser, il sentait toujours la cuisson de sa jalousie à l'idée du vieux. Il voulait parler de cela, d'abord. Les paroles ne lui venaient pas pour s'exprimer. Il demeurait là, stupide, sournois, à la fois abasourdi, ravi, rageur.

— Eh bien! reprit la Glu, c'est tout ce que tu as à me dire?

Elle se pencha de nouveau vers lui, câline, lui prit la tête à deux mains, lui appuya longuement ses lèvres sur le front, à la racine des cheveux, près de l'oreille. Il fleurait bon le grand air, la pommade évaporée, la sueur, le mâle. Il frissonna sous la caresse, ferma les yeux, pâma.

— Alors, tu ne veux pas me parler? reprit-elle en se redressant, le geste sec, le verbe fâché.

— Si, si, répondit-il. Je le veux! Je voulais te dire tantôt quelque chose. Mais je ne peux pas, à c't'heure, je ne peux pas.

Il respira bruyamment, la contempla, murmura d'une voix haletante :

— Embrasse-moi encore, dis!

— Non! fit-elle, tu avais quelque chose sur le cœur. Il faut que tu t'expliques avant tout. Qu'est-ce que tu bougonnais là-bas, à Saint-Nazaire? Rapport au vieux, rapport au vieux! Qu'est-ce que ça signifie, ça?

Il baissait le nez, penaud. Il soupira de rechef, plus suppliant :

— Embrasse-moi encore, dis !

— Tu vois, je suis gentille ! répondit-elle en lui reprenant la tête et le baisant doucement sur les yeux.

— Oh ! oui, oui, fit-il. Oh ! j'avais la berlue, pour sûr. J'étais fou, que je te dis. Ce n'est pas vrai, il ne te sentait pas. J'étais fou, va. Pardon, pardon !

Il dilatait ses narines, humait l'odeur légère qui s'exhalait des dentelles, du corsage entrebaillé, de la peau tiède, du linge secret.

— Tiens, assieds-toi là, à ma place, dit-elle. Je me mettrai sur tes genoux.

Il la serra fortement contre sa poitrine, lui mouilla la joue de ses grosses lèvres humides, ouvrit la bouche comme pour mordre à même la chair.

— Tu me fais mal, s'écria-t-elle en se dégageant un peu. Non, il faut être sage. Je suis ton petit enfant, et tu me berces, voilà tout.

Et, comme il bégayait des « je t'aime, je t'aime, » elle ajouta mutinement :

— Je ne veux pas même que tu parles. Tais-toi. Tu es venu à pied, ce matin, du Croisic ?

— Oui.

— Eh bien! tu dois être fatigué. Repose-toi.

— Harné! non, fit-il en raidissant les muscles de ses bras, harné! non, je ne suis pas fatigué.

— Chut! Faisons dodo.

Elle s'alanguit, roula sa tête sur l'épaule du gas, feignit de s'assoupir. Elle le sentait détendre peu à peu son étreinte, se ramoyer pour l'envelopper plus mollement. En même temps, elle percevait, parmi les secousses maintenant régulières de la voiture, les tressaillements involontaires de son corps enfiévré, les souffles gonflés de sa poitrine où il retenait sa chaude haleine, les soubresauts de ses nerfs en révolte, les brèves vibrations de désir qui lui poussaient soudain le sang à fleur d'épiderme, quand elle s'appuyait nonchalamment, se rassemblait toute contre lui, s'y pelotonnait en chatte. Elle eût voulu rester ainsi longtemps, longtemps, à se couler en lui sans qu'il pût la prendre, à s'abandonner sans se donner. Elle eût aimé le fondre fibre à fibre, à petit feu, à flammes couvantes, l'anéantir jusqu'à l'évanouissement dans cette inutile et fallacieuse dépense de tout son être, le faire mourir une lente mort de volupté mystérieuse, incomplète, chimérique, inassouvie. Elle jouissait étrangement du délicieux et horrible martyre, où il s'enlisait avec béatitude. Elle avait comme conscience d'être un vivant instrument de torture, savourant les affres du supplicié en extase.

Quand on descendit de voiture, à la maison de la baie des Bonnes-Femmes, Marie-Pierre avait les mains tremblantes, la bouche sèche, et claquait des dents. Ses jambes, ankylosées, se déployèrent avec peine, plus lourdes que du plomb, et cependant molles, comme mortes. Un fourmillement confus et douloureux lui chauffait les reins. Il monta l'escalier d'un pas traînant, d'une allure à la fois raide et indécise. Il regardait fixement, hébété, en somnambule.

— Ah ! Madame, ne put s'empêcher de dire Mariette, avec un clignement d'œil équivoque, ah ! ce n'est pas bien.

— Quoi donc ?

— Non, vrai, c'est de la besogne inutile.

— Mais quoi ?

— Dame ! Vous détraquez ce pauvre garçon-là comme s'il avait cent mille francs de rente. A quoi bon, franchement ?

La Glu sourit silencieusement, se passa la langue à la commissure des lèvres, fit ses petits yeux, et répondit :

— Peuh ! histoire de ne pas en perdre l'habitude. Et puis, ça m'amuse.

XXV

Dans la campagne déserte, on n'entendait que le ronronnant ressac de la mer prochaine et le crépitement du sel, mouillé de rosée, qui dévalait à la pente des cônes, grain par grain. La route s'allongeait, solitaire, paraissant plus longue et plus solitaire encore dans la blafarde perspective que la lune oblique donnait aux choses. Marie-des-Anges et Gillioury tiraient le pied, harassés, muets, regrettant la nuit noire où ils avaient cheminé jusqu'à présent, et qui s'accordait mieux à leurs pensées sombres. Sous la blanche lumière, maintenant étalée, il leur semblait qu'on n'en finissait plus d'arriver, et que, de là-haut, quelqu'un les regardait, curieux. Trois coups tintèrent mélancoliquement au clocher du bourg de Batz. Un coq chanta.

— Ah ! dit la vieille, qu'est-ce qu'il fait à c't'heure, mon triste gas ? Il fait comme son saint patron saint Pierre : il renie son salut. Mais il n'entendra pas le chant du coq et ne se repentira pas, le possédé ! Pourquoi donc que le bon Dieu ne lui dit rien, à mon pau'p'tit gas ?

Dévotement, elle se signa, et murmura sur un ton de litanie dolente :

— Saint Pierre, patron des pêcheurs, priez pour lui ! Sainte Vierge, dont il porte le nom, priez pour lui ! Saints anges, mes fins parrains, priez pour lui !

— Amen ! répondit le matelot. Mais sans vouloir vous fâcher, la mére, m'est avis que les saints, les anges et le bon Dieu nous laissent joliment en panne depuis quelque temps. Harné ! Si j'avais trente ans de moins, et mes deux pattes égales, ce n'est pas avec des chapelets d'oremus que je ramènerais votre gas au mouillage ; c'est avec un chapelet de corde à nœuds. Et je crois que ça lui vaudrait mieux que des prières ! Voulez-vous que je vous dise ? Eh bien ! Je vous ai suivie, je vous suivrai toutours, parce que je ne suis pas de ceux qui vont à la soute quand les amis vont à l'abordage ; mais, entre nous, vous savez, j'ai idée que nous ne lui ferons pas encore déraper l'ancre c'te fois-ci. Nous sommes trop vieux pour haler sur ce câble-là. J'ai pas confiance.

— C'est bien pour ça qu'il faut la demander au bon Dieu, répondit-elle.

Et, se signant à nouveau, puis joignant les mains, les yeux pleins de larmes et levés au ciel, avec une conviction profonde qui força Gillioury de marmonner à l'unisson, en sourdine, elle répéta :

— Saint-Pierre, patron des pêcheurs, priez pour lui ! Sainte vierge, dont il porte le nom, priez pour lui ! Saints anges, mes fins parrains, priez pour lui !

Le clapotis des lames grandissait. On arrivait à la baie des Bonnes-Femmes. Encore une petite montée au tournant de la dernière dune, et la maison maudite apparut.

Comme chaque fois que Marie-des-Anges l'avait vue depuis qu'elle y venait en vain chercher son gas, la maison maudite dormait, fenêtres closes, entourée de son petit jardinet sans fleurs, tout en gazon malingre. On eût dit un tombeau échoué près des vagues, qui lui chantaient un éternel *De Profundis*. Cette impression, plus que jamais, serra le cœur de la misérable mère. Elle s'imaginait que ce tombeau était celui du pauvre enfant, enseveli dans son crime, cousu dans les draps de la mauvaise femme ainsi que dans un linceul. C'est là qu'il gisait, aussi perdu pour son ancienne que les autres qui gisaient là-bas au champ d'avoine, ou roulaient avec les flux et les reflux des marées. C'est là qu'il était enterré, plus profond qu'eux encore, sous sa damnation plus pesante que le tuf, plus amère que les flots. C'est là qu'il pourrissait au fond de son péché mortel, plus à plaindre, plus irrémissiblement à plaindre, que les malheureux péris à la mé. Car eux, du moins, couchés en terre sainte, ou précipités à l'océan, ils étaient partis, avec la conscience en repos, viatiqués d'une bénédiction finale, ayant demandé le pardon de leurs fautes, et l'âme ouverte aux célestes espoirs. Heureux ceux-là, et vraiment enviables ! Tandis que lui, l'infortuné, il fermerait la bouche en remâchant ses hontes, à savourer son vomissement, l'esprit tout à son immonde rêve d'enfer, diaboliquement entêté à sa malice, sans bonne pensée, sans recours à la miséricorde divine, sans prières, sans rien, comme un chien, dans ce tombeau d'ignominie où l'éternel *De Profundis* des vagues 'n'accompagnerait que ses derniers râles de luxure.

— V'là la cambuse aux saletés, dit Gillioury.

Qu'est-ce que nous faisons, la mère ? Faut-il héler le gas ?

— Non, répondit-elle. Il nous laisserait encore nous époumonner pour les beaux yeux de la lune. Il rirait de nous, avec sa gueuse.

— Alors, quoi ? Nous montons la garde seulement ?

— Oui, jusqu'à ce qu'on sorte.

— Ça sera peut-être long.

— Tant pis !

Elle s'assit sur le sable, demeura immobile, comme si elle voulait y prendre racine. Les mains aux chevilles, le menton aux genoux, elle regardait fixement la porte, par dessus le petit mur de l'enclos, attendait, cherchait une trace de vie sur la morne façade noyée de ténèbres, écoutait dans le fracas monotone des vagues le silence de la maison.

Gillioury alluma une pipe, et fit le tour du jardin pour aller inspecter les aitres du côté de la mer, là où il avait vu la femme au balcon, l'autre matin. Ici la lune plaquait de biais sa blême clarté, ajoutait à l'aspect morne et silencieux. Instinctivement, le vieux matelot se mit à marcher sur la pointe des pieds, traînant avec précaution sa jambe en retard, et il assourdit le *pouh* sonore dans lequel il lançait ses bouffées de fumée. Lui aussi, d'ailleurs, comme Marie-des-Anges, il regardait, mais non fixement. Il reluquait, furetait de l'œil, de son petit œil jaune à la prunelle dansante. Tout en s'approchant pas à pas, de la muraille, sur laquelle l'ombre du balcon pendait en une grande tache noire, il insinuait son regard entre les lames des persiennes, s'inclinait pour être juste dessous en droite ligne. Il avait son idée, le mathurin ! Et bonne idée ; car, soudain, il fit le geste de quelqu'un qui a trouvé ce qu'il cherchait, retint un cri de satisfaction, et revint de son plus vite vers Marie-des-Anges, qu'il releva en lui murmurant tout bas :

— Venez avec moi, la mère ! vous allez voir la chose qu'est la chose. Ils sont là. Nous les tenons. Je mitonne un plan, je ne vous disque ça.

— Comment? Qu'est-ce que tu veux faire?

— Chut! Motus dans l'entrepont. Affalez votre palan d'amures. Venez, que je vous dis.

Il l'emmena par la main, en continuant à lui faire signe de se taire, et la forçant à marcher sans qu'on entendît presque crier le sable. Quand ils furent sous le balcon, il lui montra du doigt les fentes des persiennes, et ajouta, de plus en plus bas :

— Vous ne voyez pas? Penchez-vous donc! Mettez-vous au point. Là, là, comme un petit fil d'or au fond du noir. C'est de la lumière, harné! Ça se distingue bien, à côté du blanc de la lune. Voyez vous, à c't' heure?

— Oui. Et puis?

— Et puis? Ils sont réveillés, parbleu! Et je vais les obliger à nous entendre, foi de Bout-dehors. Comment? Chut! Motus dans l'entrepont. Rasez-vous là, contre le mur, dans l'ombre. Attendez moi. Grouillez point.

Il s'éloigna, descendit vers la plage, en rapporta une double poignée de gravier et trois ou quatre gros galets qu'il posa doucement par terre.

— Acoquillez-vous un peu, la mère, reprit-il, que je puisse me rencoigner auprès de vous. Et maintenant, attention !

Il prit un de ses galets, recula de quelques enjambées, lança la pierre en plein milieu de la persienne, et revint preste s'accroupir contre Marie-des-Anges. Ils ouïrent distinctement qu'on remuait dans la maison.

— C'est pas fini, va, grommela-t-il.

Et il recommença, jetant un galet plus gros cette fois, un troisième plus gros encore, tout deux coup sur coup, si bien qu'on eût dit une paire de solides poings qui heurtaient au contrevent.

A peine avait-il eu le temps de se refourrer dans sa cachette d'ombre, que l'espagnolette de la fenêtre grinça, puis celle de la persienne, qui s'ouvrit toute grande.

— Qui est là? cria la voix du gas, rude et colère.

— Grouillez toujours point, dit le matelot à l'oreille de Marie-des-Anges.

Puis il répondit tout haut, sur un ton plaintif:

— C'est moi, du gas, c'est moi, ton vieux Gillioury.

— Où es-tu donc? Je ne te vois pas.

— Je suis sous le balcon, mon fin Marie-Pierre, tout las, tout rendu, lové comme un bitors au rancart. Je suis revenu à pied. J'ai fait chappechute dans les salines. Ah! Dieu de Dieu! j'ai-t'y du mal! Je dois avoir ma bonne quille cassée. Faut que tu m'aides, mon p'tit gas! Faut descendre me porter secours.

— Et pourquoi que t'as pas été au Croisic, donc?

— C'était plus près de venir ici. Je m'étais comme perdu dans les salines. J'avais bu un coup de trop, vois-tu, pour tout dire.

— Et la mère n'est pas avec toi, au moins?

— Elle est retournée en voiture, elle. Moi j'étais resté derrière à boler avec des amis,

Ah! Dieu de Dieu de bon Dieu, j'ai-t'y du mal!
Descends un peu, dis, mon doux Marie-Pierre!
Descends! Tu ne vas pas m'abandonner là
crever comme une bête, hein? Ton vieux Gillioury, ton vieux frère la-Côte! Descends un
peu, dis!

— Ah! ça, il nous assomme, à la fin cet
ivrogne! interrompit l'aigre voix de la Glu.
Viens donc te coucher, ma cocotte.

Gillioury se traîna hors de sa cachette, à
quatre pattes, et regarda le gas en continuant
ses lamentations. Marie-Pierre, qui allait refermer les volets, s'arrêta, ému, se retourna
vers le fond de la chambre:

— Si tu le voyais, dit-il doucement. Le
pauvre vieux! Il fait de la peine, va.

Impatientée, la Glu sauta du lit et accourut
en chemise au balcon. Marie-des-Anges, toujours à croppetons dans l'ombre, entendit les
pieds nus de la femme trottiner sur le parquet,
presque au-dessus de sa tête, et une envie folle
la prit, de bondir à même la muraille, de grim-

per là-haut, n'importe comment, par un miracle que ferait Dieu, et d'étrangler la sorcière.

—. Eh bien ! quoi ? dit la Glu. Qu'est-ce qu'il y a ? Tu vois bien qu'il est saoul comme un âne, et puis voilà tout.

Gillioury gémissait plus fort, la suppliait, elle, maintenant, lui baragouinait des mots aimables pour l'attendrir.

— Tais-toi, vieux pochard, cria-t-elle. Crève si tu veux ! Et toi, mon petit, va te coucher, et plus vite que ça. Ferme la fenêtre.

Le gas répondit rien, et tira docilement la persienne.

Alors, comprenant que la ruse de Gillioury n'aboutirait point, exaspérée d'ailleurs de son long silence, outrée du mauvais cœur de cette païenne qui ne faisait faire que le mal à son enfant, Marie-des-Anges sortit à son tour de la cachette, et apparut en pleine lumière, muette de rage, mais les deux poings tendus vers le couple.

— Allons bon ! voilà l'autre maintenant,

fit la Glu. Il ne manquait plus que ça. Nous aurons la comédie complète. Tu nous embêtes, la vieille ! Es-tu contente ?

Elle était revenue sur le balcon, se pencha en avant, et fit un pied de nez à Marie-des-Anges.

— Ah ! vilain bougre, cria Gillioury relevé, tu la laisses insulter ton ancienne ? Mateluche, va ! Crabe de marais ! Cœur de morgate !

— T'es donc pas mon fils, Marie-Pierre ? Elle t'a donc mangé l'âme ? clamait la vieille.

Le gas, immobile, se taisait. La Glu se retourna vers lui, et, pour narguer la mère, le prit par le cou et le baisa longuement sur les lèvres. Puis elle lui dit :

— N'est-ce pas, ma petite cocotte, qu'elle t'embête, la vieille ?

Elle lui chatouillait doucement la nuque, le regardait en même temps dans le blanc des yeux, carressante, impérieuse. Il respira violemment, se passa la main sur la figure, et dit d'une voix sombre :

— Ah! allez-vous en, ma mère, allez-vous en! Vous voyez bien que je prends du bon temps et que je suis ben aise.

Marie-des-Anges se baissa, ramassa la poignée de gravier, la lança furieusement vers le couple, enlacé encore. La Glu n'eut pas le temps de se garer contre la poitrine du gas, et, avec un cri d'effroi et de douleur, reçut le paquet cinglant en pleine face.

La tête perdue, voyant rouge, Marie-Pierre saisit un pot de fleurs sur le balcon, le brandit en hurlant vers sa mère :

— Ah! va-t-en, va-t-en, à la fin! Tu lui as fait mal! Va-t-en, que je te dis! Va-t-en donc! Va-t-en, ou je cogne.

— Ne fais pas ça, Marie-Pierre! sanglotait la vieille. Ça te porterait malheur, mon gas. Ne fais pas ça. J'aime mieux céder.

— Aïe donc! jette lui, disait la Glu. Jette lui, je le veux.

Il ferma les yeux et jeta.

La vieille ne fut point touchée, mais tomba

néanmoins par terre, de saisissement, en poussant un grand cri,

La Glu éclata de rire.

— Ris donc, disait-elle au gas, ris donc! Tu vois bien qu'elle est saoule aussi.

Et le gas se mit à rire, stupidement, tandis que sa mère, relevée et suivie par Gillioury, se sauvait effarée, au hasard, droit devant elle, sans oser retourner la tête, épouvantée d'avoir vu son enfant lever la main sur elle et commettre un sacrilége.

XXVI

Il en fallait prendre, du bon temps, pour étouffer le remords d'avoir fait une chose pareille ! Il fallait s'y ruer, à la joie, pour se trouver encore ben aise avec un tel poids sur la conscience ! Et le gas n'y faillit point, oubliant tout dans les bras de la mauvaise conseillère, qui lui paya le prix de son crime en caresses nouvelles, et sans marchander, à la bonne mesure, enfiévrée elle-même et débordante de baisers, comme si elle l'aimait davantage depuis l'abominable action. Davantage et plus précipitamment. On eût dit qu'elle ne voulait pas lui laisser le loisir de reprendre haleine ni conscience. Mais, pareille à ces vagues de fond qui vous roulent et vous étourdissent quand le paquet de mer vous a déjà culbuté, elle l'essoufflait et l'échinait sans trêve. Tant et si bien, qu'au matin, il se trouva rendu, plus encore que l'autre jour, brisé de corps et d'âme, les nerfs tordus, les moelles brûlées, et qu'il tomba soudain de male fatigue, assommé dans un somme épais.

La Glu se leva, alla se tremper et surtout se retremper au froid ragaillardissant de son *tub*, et commença une toilette savante. Elle coiffait ses cheveux dépeignés, s'avivait la bouche de pâte au raisin, les sourcils et les cils de crayon noir, les joues d'un soupçon de rouge, velouté ensuite sous un duvet de poudre de riz. Elle se parait, se pomponnait, faisant bouffer les nœuds et les agréments de sa longue robe de chambre en satin lilas clair coupé d'entre-deux en dentelle. C'était celle qui lui adoucissait le mieux les traits, lorsqu'une nuit blanche les lui avait par trop tirés et durcis. Or, aujourd'hui, quoiqu'elle eût pris soin de se ménager, comme d'habitude, et de faire rouler son convive sous la table sans boire elle-même que du bout des lèvres, elle s'était vue un peu blême, blette, blêche, avec des frissons de rides sur sa peau séchée, des marbrures malsaines au teint, et les yeux au fond de la tête.

— Diable ! avait-elle pensé, Mariette a raison. J'ai fait-là de la besogne inutile et même dangereuse. Cela ne rapporte rien et coûte, au contraire. Tu te dépenses, ma biche ! Arrêtons les frais. En voilà assez, du petit gas.

Et aussitôt, pour réparer cette sottise qu'elle se reprochait décidément, elle s'était mise sous les armes, en toilette de combat, bichonnée, maquillée, prête à entreprendre le vieux comte qui allait sans doute venir.

Il avait, en effet, reçu la petite lettre provocante le matin même, au moment du premier déjeuner, comme il proposait à Adelphe une partie de chasse aux mouettes. Il était, lui, déjà équipé, campé dans ses hautes guêtres de toile à voiles, à l'épreuve des ajoncs, son fusil entre les jambes, la mine joyeuse sous sa casquette ronde à côtes de velours. Il gourmandait le jeune homme, qui mangeait au lit, refusait de partir, voulait paresser comme à Paris.

— Allons, viens donc, grand dormeur! Ça te réveillera. Ça te fera du bien.

—Mais non, ça ne m'amuse pas du tout, je t'assure.

— Eh! tu n'es pas ici pour t'amuser!

— Je le sais fichtre bien.

— Eh bien! alors?

Tout cela gaiement de la part du comte, qui prenait en riant la mauvaise humeur d'Adelphe. Brusquement, à la lecture de la lettre, il devint soucieux lui-même, cessa de presser l'autre, sembla discuter quelque chose dans son for intérieur, se tut, se troubla sous le regard curieux de son petit-fils, finit par conclure :

— Ma foi! tant pis pour toi, fainéant. Tu

ne respireras pas le bon air. Je te laisse. J'y vais tout seul.

Et de sortir vivement, comme s'il ne tenait plus à être accompagné.

Adelphe, que les sous entendus malicieux du chevalier, puis la rencontre et les questions bizarres du gas, avaient déjà excité la veille, flaira un imbroglio là-dessous. Cette lettre, ce départ, c'était louche! Quelle diablesse de vie menait donc son grand-père? Eh! eh! S'il pouvait le pincer au demi-cercle d'une escapade amoureuse, ce serait vraiment drôle! Et quelle force pour l'envoyer plus tard promener avec sa morale, pour le tenir, pour, au besoin, le faire chanter! Eh! Eh! cela valait la peine de renoncer à la chère flème du matin.

Il courut chez d'Amblezeuille, lui conta la chose, sans aigreur, en plaisantant, et lui tira les vers du nez. Si le chevalier l'avait vu revêche, méchant, comme hier, nul doute qu'il se fût tenu sur quant à soi. Mais l'affaire était présentée en forme de bourde, sur un air bon garçon, histoire de rire un brin! Il s'agissait de taquiner le comte, pas plus! De cela, d'Amblezeuille en était, sarpejeu!

— Et même, ajouta-t-il, si tu veux m'en croire, nous aurons la comédie complète, tout le monde en scène! C'est ça qui le turlupinera, ce coureur de guilledou!

— Que voulez-vous dire? Tout le monde en scène?

— Le docteur, parbleu! et l'abbé. Nous irons le débucher tous ensemble.

— Mais l'abbé ne consentira pas?

— Nous ne lui expliquerons pas ce qui en est. Nous l'emmenerons censé déjeuner quelque part, où le comte nous aurait donné rendez-vous. Ah! je suis curieux de voir comment il s'en tirera, l'abbé, pour lui donner encore raison, comme il fait toujours. Et la mine penaude de Kernau! Sarpejeu! quelle bonne farce!

On alla chez le docteur. Il était absent,

appelé chez un malade, assez loin dans la campagne. Il ne rentrerait pas avant midi.

— Tant pis! il ne sera pas de la petite fête. On la lui racontera au retour.

Quant à l'abbé, il fallut attendre qu'il eût dit sa messe.

— Tant mieux! cela nous fera partir plus tard. Nous ne risquerons pas de rattraper le comte en route. Parce que, tu comprends, nous allons en voiture, nous. C'est encore loin, la baie des Bonnes-Femmes.

— Est-ce que vous connaissez la maison où il va?

— Il n'y a que celle-là sur la plage. Nous arrivons, nous frappons, nous faisons le charivari à cette donzelle qui m'a si joliment daubé l'autre jour. Ah! quelle bonne farce! quelle bonne farce!

Environ une heure après le départ du comte, Adelphe, d'Amblezeuille et le curé montaient dans le landau, ravis tous les trois : Adelphe, de la leçon qu'il allait infliger à son grand-père;

d'Amblezeuille, du tour *si régence* qu'il avait machiné ; et l'abbé Calvaigne, du bon déjeuner de chasse auquel il se préparait déjà en humant l'air frais, frottant son estomac creux, pourléchant ses grasses badigoinces.

Le comte, lui, une fois hors de Guérande, avait eu d'abord un moment d'hésitation. Non, c'était de la folie, de retourner auprès de cette femme! De la vraie folie! Il fallait s'en tenir à cette nuit unique, si dangereuse à recommencer. Des échappées de débauche, oui, très bien! Mais une habitude, diantre! Une liaison peut-être! Qui sait? Mais les souvenirs de cette nuit, combien capiteux, combien tentants! Bah! est-ce qu'on s'acoquine définitivement, pour une rechute, une simple rechute! Sapristi! Il n'était pas encore si débile, si lâche de volonté! Pas au point de s'amouracher sérieusement, après une heure, une pauvre petite heure de revenez-y! Allons donc! Alors, il aurait peur de cette créature? Eh! non! Eh! non! Et puis, la politesse, en somme, a ses devoirs aussi. La lettre était aimable. N'y pas répondre par le bonjour qu'elle demandait, ce serait d'un rustre, d'un butor. Il ne pouvait pas ne pas rendre cette visite. Il le devait au moins à son renom de bon gentilhomme.

Ainsi paralogisant contre lui-même, en faveur de sa faiblesse, le comte allongeait le pas par les sentiers, coupait au court, et de temps en temps relisait la lettre, qu'il savait par cœur. Une carriole de paysan passa, au débouché d'un sentier dans un carrefour.

— Tu vas au Croisic?

— Oui, m'sieu le comte.

— Attends un peu.

Et, donnant vingt sous à l'homme, il monta dans la carriole, pour faire la moitié du chemin plus rapidement.

Quand il arriva devant la maison de la baie des Bonnes-Femmes, son pouls battait la charge. Il retira sa casquette de velours pour s'éponger le front, qu'il avait ruisselant.

— C'est d'avoir marché trop vite depuis le Croisic, pensa-t-il.

C'était d'émotion aussi, de fièvre. Il s'en aperçut bien quand il se trouva dans le parloir d'en bas, babutiant, rouge, le regard trouble, en face de la Glu qui lui tendait la main d'une façon câline et qui lui parut plus attrayante, plus désirable que jamais, avec son élégante maigreur drapée de falbalas onduleux, son sourire énigmatique, ses yeux un peu battus, sa voix aux inflexions doucement rauques comme celles des tourterelles sauvages, et son odeur à la fois chaude et fraîche, sentant les cosmétiques et les ablutions, l'oreiller quitté à peine, le linge renouvelé, la chair soudain fouettée d'eau claire après avoir mijoté au creux du lit.

Malgré cet appareil de coquetterie voulue, et sous la caresse prometteuse de son abord, la Glu était cependant réservée. Rien d'une fille! On eût dit une vraie femme du monde. Le comte en fut encore plus embarrassé et baisa cérémonieusement la main tendue. Elle jabotait de choses banales. Elle linotait. Il la considéra, surpris, la reconnaissant à peine. Il lui semblait la voir pour la première fois. Elle n'avait pas l'air de se rappeler, si peu que ce fût, la nuit de Nantes. Il n'osa point la tutoyer.

Elle s'assit néanmoins tout près de lui, sur le même canapé bas, étroit, où elle lui couvrit les genoux sous les flots de sa jupe, rejetée de côté, comme par mégarde. A travers l'étoffe mince, il percevait la tiédeur de la peau, et un long chatouillement lui grimpait au long du corps. A son tour, il subissait la délicieuse torture des désirs avortés et des voluptés tantalisantes.

— Mais aujourd'hui, pensait la Glu, Marietta ne me dirait pas que c'est de la besogne inutile. Le vieux bonhomme est au sac. Le jeu en vaut la chandelle. Assez de bêtises comme ça ! Je me rattrape.

Et, tandis qu'elle continuait à l'attiser en le

tenant moralement à distance, elle songeait à sa devise et se disait :

— Tant pis pour lui ! Il s'y est frotté ; il faut qu'il s'y colle !

XXVII

En sursaut, le gas fut réveillé par un grand bruit, comme d'un orage qui éclate. D'en bas montaient des voix colères, qui se heurtaient.

Il se jeta hors du lit, courut à l'escalier, sans même se vêtir. Probablement sa mère et Gillioury étaient revenus. Il bondit au secours de son adorée en péril. Sur le palier, brusquement, il s'arrêta. C'étaient des voix inconnues qui se disputaient, des voix d'hommes. Il ne put en croire ses oreilles. Il rêvait sans doute! Où était-il? Au milieu du cliquetis des paroles, le rire de la Glu retentit soudain, vibrant, assuré, moqueur, insolent, en coup de trompette victorieuse. Elle n'était donc pas menacée? Mais alors, quoi? Qu'est-ce que cela voulait dire? Ces voix d'hommes! Ces voix d'hommes! On ne distinguait pas le sens des mots, d'ici. S'il allait écouter à la porte? Oui, pour sûr. Doucement! Qu'on ne s'aperçût de rien! Il s'agissait de ne pas interrompre les gens; de tout entendre.

Retenant son souffle, évitant de faire gémir le sapin des marches sous ses pieds nus, il descendit, furieux et furtif, et vint se poster la joue à la serrure, ayant déjà saisi quelques paroles à mesure qu'il s'approchait, et maintenant ne perdant plus un mot, mais sans comprendre encore. Toutefois, il avait reconnu la voix du comte, qui parlait le plus haut, qui criait presque.

— C'est un guet-apens, faisait-il. C'est odieux. Tu es fou, n'est-ce pas, d'Amblezeuille? Tu n'as donc pas réfléchi? Et vous, l'abbé, et vous?

— Je ne savais pas, monsieur le comte,

bégayait l'abbé. Je vous jure que je ne savais pas. Ces messieurs.....

— Mais c'était une farce, une simple farce! répétait le chevalier.

— Une farce! Dis donc une infamie! interrompait le comte.

— Oui, oui, une infamie! reprenait Adelphe d'un ton suraigu. Et c'est toi qui la commets, l'infamie! Oui, toi! Tout cela était arrangé entre vous tous. Vous vouliez déshonorer cette femme, ma femme. Oui, ma femme! Plus que jamais, je le veux. Ah! je conçois votre plan. Vous êtes des jésuites. Mais je l'aime, je l'aime. Elle est noble et pure.

A cette phrase de mélodrame, la Glu riait de plus belle. Mariette, qui toujours imitait sa maîtresse, riait aussi. Et ces deux rires jetaient un grand silence au milieu des vociférations du jeune homme.

Immobile, frissonnant, tous les muscles tendus, et l'intelligence pareillement, le gas comprenait de moins en moins et se croyait endormi, rêvant, dans un cauchemar. Quel guet-apens? Quelle infamie? De qui parlait-on? Qui était cette femme, la femme du vicomte? Que faisait là monsieur le curé de Guérande? Autant de problèmes qui dansaient éperdûment dans sa cervelle brouillée.

— Je vous demande pardon, madame, reprit le comte, si je me trouve obligé de prononcer des choses que je préférerais ne pas vous laisser entendre. Mais il le faut, je le vois. Ce garçon a perdu la tête. Excusez-moi de ce que je vais dire.

— Oh! faites, faites, monsieur, répondit la Glu. Ne vous gênez pas. Au point où nous en sommes, tout peut se dire entre nous. C'est une discussion de famille.

— Non, madame, répliqua le comte hautainement. C'est précisément le contraire que je désire faire comprendre à Adelphe. Je tiens à lui persuader qu'il n'y a ici qu'une affaire de galanterie, rien de plus. Mettons une affaire de débauche, s'il faut confesser mes torts. Mais...

— Vous êtes dur, monsieur le comte, fit la Glu avec une inflexion ironique.

— Dur pour moi, oui, madame. J'ai fait une faute. Je m'en accuse. J'en ai honte devant mon petit-fils. Mais cela dit, Adelphe, tends-moi la main et n'en parlons plus. Je t'ai pris ta maîtresse sans le savoir, et voilà tout.

— Tu me l'as prise! Tu...! Non, ce n'est pas vrai! s'écria le jeune homme.

— Le comte des Ribiers ne ment pas, monsieur mon petit-fils, entendez-vous!

— Tu me l'as prise! Non, non! Je ne te crois pas. Mais toi, toi, dis-le moi, ce n'est pas vrai, cette histoire-là, n'est-ce pas?

— C'est vrai, riposta tranquillement la Glu.

Il y eut un nouveau silence, plus long et plus formidable encore que le premier. Le gas ne comprenait toujours point. Pourtant, cette fois, il avait noté un détail qui le suffoquait: le vicomte avait tutoyé la femme. Nouveau mystère! Mais de qui donc s'agissait-il? Pas d'elle, pour sûr ! Cette idée absurde ne fit qu'effleurer la pensée de Marie-Pierre. Absurde, en effet. Car, si elle-même eût été en jeu, comment expliquer le calme de ses réponses, son rire impertinent et victorieux de tout à l'heure, la profonde sérénité de sa voix ?

Soudain le vicomte reprit, d'un ton railleur :

— Eh bien ! vous avez beau faire, ça m'est égal.

— Que dis-tu ? s'écria le vieux gentilhomme.

— Je dis que ça m'est égal.

— Tu es un mauvais plaisant ! fit le chevalier. Allons, assez, finissons. La farce devient bête.

— Ah ! mon cher enfant, mon cher enfant ! soupira l'abbé Calvaigne.

— Je dis que ça m'est égal, répéta violemment Adelphe, parce que je vois clair dans vos ruses. Ah ! parbleu ! je connais mes auteurs. C'est la scène de la dame aux camélias.

Elle se sacrifie. Elle est sublime. Mais je n'y coupe pas. Ou plutôt si. Je ne l'en aime que mieux.

— Adelphe, dit le comte solennellement, je te donne ma parole d'honneur que tout est vrai. Cette femme a été ma maîtresse.

— Monsieur le comte ne ment pas, je te le jure, Adelphe, fit la Glu.

Quoi! Elle aussi disait tu! Le gas en demeurait anéanti, haletant, pantois. Qu'allait-il apprendre, enfin? Mais de qui donc, de qui parlait-on? Il tremblait de tous ses membres, entrevoyant l'épouvantable vérité sans oser y croire encore, la trouvant trop noire pour s'y arrêter, convaincu de plus en plus qu'il roulait dans un cauchemar. Et cependant il écoutait toujours, se saoulant de soupçons atroces, les poings crispés, les yeux hors de la tête, la joue imprimée contre la serrure, dont les arêtes aiguës lui entraient dans la chair, la bouche close et sèche, le souffle rauque, le poil hérissé sur le corps.

— Eh bien! tant pis encore! reprit Adelphe, dont la voix grêle s'assombrit soudain avec une dureté résolue. Oui, tant pis! Après tout, ça aussi, même ça, ça m'est égal.

Les trois hommes poussèrent un oh! de stupéfaction à cette phrase monstrueuse. La Glu s'esclaffa en un rire strident.

— Parbleu! continuait Adelphe, vous m'embêtez avec toutes vos objections. Mon parti était pris, malgré ce que je savais. Ce que j'apprends aujourd'hui n'y change rien. Un de plus, un de moins, qu'est-ce que ça me fait? Oh! oui, je sais bien : ça vous étonne! Mais on s'étonne de tout, à Guérande. C'est là un amour que vous ne pouvez comprendre. A Paris, on a l'esprit plus large.

— L'esprit? interrompit le comte. Tu veux dire la conscience!

— Eh! conscience ou esprit, qu'importe! Ne chicanons pas sur les mots, je vous prie. Soyons positifs, pratiques. Des faits! des faits! je ne connais que ça. Et voici ma conclusion nette comme un chiffre : elle a été ta maîtresse, soit ! elle n'en sera pas moins ma femme.

— Misérable ! s'écria le comte.

— Bravo, bravo ! faisait la Glu en battant des mains ainsi qu'au théâtre. Bravo ! Vrai, je ne te croyais pas si fort que ça. Tu es superbe, mon petit Adelphe ! Je t'ai déjà dit que ce mariage-là était impossible, que je n'en voulais pas, que tu étais un crampon. Je te le répète. Mais cela ne fait rien. Je te trouve superbe. Tu me défends crânement. Viens que je t'embrasse pour la peine.

Tout à coup la porte s'ouvrit sous une poussée furieuse et claqua contre le mur, presque arrachée de ses gonds. Et le gas apparut.

Il avait les deux mains en avant, toutes larges, avec les doigts écarquillés, à cause de la pesée faite sur la porte et aussi à cause de l'horreur qu'il éprouvait. C'est cela surtout qui contractait sa figure en une sorte de rictus idiot, cela plus encore que la rage. On sentait qu'il était quasi en catalepsie devant l'abomination enfin révélée. Ses jambes, aux muscles durs comme des nœuds de fer, flageolaient en tressaillements convulsifs. Ses orteils serrés s'incrustaient dans le plancher. Sous sa chemise de rude toile, aux pagneaux raides, son ventre, secoué de brusques palpitations, sursautait. Une haleine courte, saccadée, hoquetée, râlait au fond de sa poitrine. Un sourd sanglot lui gonflait soudain le cou et venait crever en cri avorté dans sa gorge. De grosses larmes avaient jailli de ses yeux injectés de sang, coulaient sur sa face, blême malgré le hâle, agitée de tics douloureux, et roulaient jusqu'à sa bouche béante, dont la lèvre inférieure pendait et tremblotait.

A l'aspect de cette farouche vision, tout le monde avait reculé d'effroi. La Glu et Mariette s'étaient jetées, avec un cri perçant, dans le coin le plus éloigné de la chambre. Le chevalier brandissait sa canne. Le comte avait empoigné d'instinct son fusil et le braquait, prêt à mettre en joue. L'abbé levait les bras au ciel en bégayant tout bas de vagues oraisons qui lui venaient machinalement à la mémoire. Adelphe n'avait pas même eu la force de bouger et demeurait acculé contre un meuble, pétrifié, face à face avec le gas, qui, d'un élan, pouvait être sur lui.

Brusquement, un énorme sanglot ébranla tout le corps de Marie-Pierre, lui débanda tous les muscles, le détendit. Il ramena ses deux mains vers sa figure, qu'il écrasa lentement sous ses paumes étalées, comme pour en arracher l'hébétude qui le comprimait. Puis, s'avançant de deux pas brefs, il regarda fixement Adelphe et lui dit, penché en avant, se préparant à bondir :

— C'est donc toi qui la veux pour femme?

— Non, non! balbutia très vite Adelphe, vert de terreur. Non, je n'ai rien dit. Laissez-moi tranquille. L'abbé, parlez-lui, parlez-lui donc!

L'abbé se rapprocha, joignant les doigts, murmurant :

— Voyons, Marie-Pierre, mon enfant ! Je suis le curé de Guérande. Pas de violence !

— N'y a pas de violence, répondit le gas en grinçant des dents. Je demande, voilà tout, je demande. Faut qu'on me dise. C'est-il lui, allons, c'est-il lui ou le vieux qui la veut ? Parce que c'est quelqu'un. Parce que faut que je sache. Parce que, celui qui la veut, je le crève. N'y a pas de violence ; mais je le crève.

Il était ramassé sur ses jarrets, les poings au menton, le cou dans le torse, la mâchoire en arrêt, les yeux flamboyants, formidable comme un fauve.

Le comte fit un pas, arma les chiens de son fusil et dit tranquillement :

— Personne ici ne te dispute cette femme. Elle est à toi. Mais laisse-la sortir. Et pas de violence ! Si tu bouges contre qui que ce soit, je fais feu.

Il épaula, les canons du fusil droit à la poitrine de Marie-Pierre.

— Lâche ! grogna le gas, se sentant réduit à l'impuissance.

Adelphe, sur qui le lourd regard ne pesait plus, s'était esquivé derrière son grand'père, et lui disait tout bas :

— Tire donc ! c'est une bête furieuse. Tire !

— Tas de lâches ! fit le gas.

— Tirez, s'écria la Glu, vers qui il avait tourné un moment ses yeux pleins de rage.

— Carne, hurla-t-il. Tu veux me faire tuer à c't'heure ? C'est donc vrai que t'as couché avec eux ? Carne ! Sale carne !

— Assez ! reprit le comte. Ne bouge pas. Ne dis rien. Va-t-en. Je fais feu.

Pas à pas, mais de front, rugissant sous la menace, les menaçant tous, le gas battit en retraite.

Il était déjà dans le corridor, et les autres commençaient à respirer, quand on entendit de grands coups frappés à la porte d'entrée de la maison. En même temps la voix de Gillioury clamait :

— Ah! tu m'ouvriras, c'te fois. Eh! Marie-Pierre, ta mère n'y est pas, foi de Bout-Dehors. C'est le docteur que j'ai été chercher. Faut qu'il te parle. J'enfoncerai plutôt la porte. Faut qu'il te parle.

Le gas traversa le jardinet à la course, ouvrit et dit précipitamment :

— Arrivez, arrivez vite, entrez! Vous saurez peut-être le fin mot, vous, m'sieu le docteur. Elle a couché avec tout le monde. Ils veulent m'assassiner là-dedans. La carne! Les lâches! Entrez!

Et il l'entraînait par la main, toujours courant, jusqu'au seuil du parloir.

— Fernande! s'écria le docteur en apercevant la Glu.

— Pierre! avait fait la femme. Ah!

Mais c'était un ah! de surprise et non d'épouvante. Dans le cri du docteur, au contraire, avait passé un douloureux frisson d'effroi. Il était devenu très pâle et avait dû se retenir des deux mains aux chambranles de la porte pour ne point défaillir.

Derrière lui le gas effaré murmurait :

— Vous la connaissez donc aussi, vous?

— Oui, firent les quatre hommes étonnés, vous la connaissez donc ?

— C'est ma femme, répondit le docteur d'une voix sifflante.

La Glu s'avança au milieu de la chambre, et, impertinente, prononça, en accentuant tous les mots :

— Oui, messieurs, je m'appelle madame Fernande Cézambre, femme lé-gi-time du docteur Pierre Cézambre. Et puis après?

Elle n'avait pas fini de parler que des chocs violents, durs, drus, sourds, retentirent dans le corridor, comme d'un bélier qui battrait les cloisons. C'était le gas affolé qui se jetait et se heurtait contre les murs, s'y cognait le crâne, s'y meurtrissait les joues, s'y écrasait la face, en s'arrachant les cheveux à poignées. Il se ruait avec des élans furibonds, vainement retenu par Gillioury, qui lui-même gémissait sous les contre-coups. Il finit par lui échapper tout à fait, et, d'un suprême bond enragé, lancé comme un bœuf, alla s'aplatir la tête la première dans un angle, où il tomba enfin, étourdi, assommé, sans connaissance, le front fendu et la figure en sang.

— Vite, de l'eau ! cria le docteur, ne s'occupant plus de sa femme.

Et il épongea la blessure, chercha les fractures d'os sous les ecchymoses déjà gonflées, tâta le pouls du jeune homme. Tous étaient accourus, excepté la Glu qui regardait de loin, sans bouger.

— Ce n'est rien, fit-il. Il est évanoui. Les plaies du crâne n'ont pas intéressé le cerveau, je pense. Gillioury, donne-moi ta ceinture, que je lui attache les mains derrière le dos. Il pourrait avoir un nouvel accès de fureur. Là, bien. A présent, il faut l'emporter. Tu le rouleras dans mon manteau. Ah! des compresses à la tête! Bon. Prenez votre voiture, monsieur le comte, et emmenez-le au Croisic, chez sa mère. Je vous suis. Rassurez-la. Parfait! voilà qu'il revient à lui. Le grand air le remettra. Prenez bien garde qu'il ne recommence pas en route. Gillioury, entrave-lui les pieds. Tiens, voilà mon mouchoir.

Il les accompagna jusqu'au seuil du corridor, et répéta :

— Je vous suis, messieurs, dans un instant.

Puis, laissant Mariette dehors, il revint dans le parloir, ferma la porte et dit à la Glu :

— A nous deux, maintenant, Fernande! Nous avons à causer.

XXVIII

La Glu s'était assise, tranquille, faisant bouffer sa jupe sur le canapé bas. Elle avait pris un écran à la glace de la cheminée et s'éventait. Pas un pli ne remuait dans sa maigre et impassible frimousse. Pas une pensée ne se lisait dans son regard morne, éteint. Seul, un vague sourire retroussait les coins de sa bouche, mais un sourire machinal, insignifiant, comme figé. Elle avait l'air d'une personne qui s'ennuie et qui ne veut pas trop le laisser voir, une personne polie, indifférente, qui va entendre et répondre des riens, qui va suivre distraitement une conversation futile et inutile, qui va dévider nonchalamment le monotone écheveau des banalités courantes, sur la pluie et le beau temps, par exemple, à savoir qu'il fait assez chaud, mais que le fond de l'air est froid, et autres choses de cette importance.

Le docteur marchait à grands pas, les mains derrière le dos, indécis sur la façon dont il allait entamer l'entretien. Il contenait des bouffées de colère qui lui montaient au cœur, toutes ses vieilles rancunes qui voulaient s'exhaler. Il avait résolu d'être calme, bref et de ne prononcer que des mots définitifs. Ce n'est pas une discussion qu'il cherchait. C'est un arrêt qu'il allait rendre, des ordres qu'il allait donner. Il fallait que cette femme partît, le laissât tranquille, disparût de sa vie sans retour possible, qu'elle le considérât comme mort puisque lui-même la considérait ainsi, puisqu'ils avaient vécu de la sorte depuis dix ans. Qu'on gardât ce *statu quo*, il n'exigeait pas davantage. Mais qu'on le gardât strictement, voilà ce qu'il devait imposer, et à jamais.

— Eh bien? fit enfin la Glu, voyant qu'il ne parlait pas, je croyais que nous avions à causer! Moi je n'ai rien à te dire. Si tu n'en as pas plus, tu peux t'en aller.

— Voilà precisément ce que j'avais à te dire, répondit le docteur : c'est de t'en aller. Tu me comprends, n'est-ce pas? Je dis: t'en aller du pays, retourner d'où tu viens. Où! Ça m'est égal. Mais loin d'ici, loin de moi. Je veux, entends-tu bien, je veux n'avoir pas à te rencontrer dans mon chemin.

— Ah! tu veux? Et si je ne veux pas, moi?

— Pourquoi ne voudrais-tu pas?

— Pour rien, pour m'amuser. Je n'ai pas l'habitude d'obéir.

— Mais enfin, quel intérêt as-tu à rester ici? Quel intérêt?

— Aucun.

— Alors?

— Je fais ce qui me plaît. Je n'ai pas d'explications à te donner ni de comptes à rendre.

— Eh! qui te demande des comptes et des

explications? s'écria-t-il, se laissant emporter, exaspéré de tant de hauteur. Je ne t'en demande pas. Tu en aurais trop à rendre. Il ne s'agit pas de ça.

— Il s'agit de ça, si j'en ai envie. Cela peut me faire plaisir de te raconter ma vie depuis dix ans. Elle est drôle, va. Tu ne te doutes pas de la jolie créature qu'est devenue la pauvre madame Cézambre. Un vrai roman! Te rappelles-tu comme j'étais gnan-gnan à Douai! Te rappelles-tu.....

— Je n'ai pas besoin de me rappeler. Je te répète que je tiens à ne rien savoir. Tu as fait ce que tu as voulu. Cela ne m'intéresse pas. Garde tes confidences.

— Au moins faut-il que tu saches comment je m'appelle maintenant.

Elle minaudait, souriait, jouait à la femme du monde qui prend des temps afin de coqueter en caquetant.

— Pour moi, répondit le docteur, tu n'as plus de nom.

— Eh bien! j'en ai un pour les autres. C'est une consolation, mon cher.

Et, se levant, changeant de ton tout-à-coup, l'air insolent, le poing sur la hanche, une flamme lubrique dans les yeux, cynique, presque canaille, elle ajouta :

— Je m'appelle la Glu et je vaux vingt-cinq louis. Veux-tu te payer ça ?

Cézambre leva les deux poings dans un élan de sauvage menace.

— Tiens! tu es donc devenu un homme ? fit-elle, sans s'émouvoir. Tu n'as pas osé me faire ça, jadis, quand tu t'es sauvé de moi, comme un pleutre.

Cézambre laissa tomber ses bras inertes, poussa un pouah de dégoût, et se ressaisissant, calme, riposta :

— Et j'ai eu raison alors, et j'ai tort aujourd'hui. Tu ne mérites même pas une giffle d'honnête homme. Allons, assez ! finissons-en. Je ne suis pas resté pour avoir une scène, quelle qu'elle soit. Oui, je suis un homme, n'en doute pas. Et la preuve, c'est que tu ne me mettras point en colère. Je ne te méprise seulement pas. Je t'ignore. Et je suis décidé à t'ignorer toujours. Encore une fois, finissons-en. Je t'ordonne de partir. Je te l'ordonne, tu comprends? Pas de cris, pas d'insolences, pas d'histoires!... Je veux.

Il avait le verbe dur, assuré, la figure résolue, le geste dominateur. Elle ne l'avait jamais vu ainsi. Elle fut étonnée de cette fierté morale, de cette vigueur froide. Elle sentait que l'impertinence et l'audace n'avaient plus rien à tenter en face de ce parti-pris tranquille. Elle s'était rassise, humiliée, obligée de baisser les yeux, tandis que le docteur recommençait sa promenade à grands pas, énervé par l'effort qu'il venait de faire pour affirmer aussi puissamment sa volonté. Il avait donné là tout ce qu'il pouvait, de toutes ses forces. C'était le coup de collier de son énergie.

Subitement, Fernande se plongea la figure dans ses deux mains, éclata en sanglots, s'écria :

— Ah ! mon Dieu ! mon Dieu ! que je suis malheureuse !

Il s'arrêta, stupéfait, ne comprenant plus et croyant comprendre trop. Quelle comédie allait-elle jouer maintenant ? Où voulait-elle en venir, avec ces grimaces de douleur ? Car, à coup sûr, cette soudaine désolation mentait.

Elle releva la tête. Ses joues étaient mouillées de larmes, de vraies larmes. Sa navrure paraissait profonde, poignante, sincère. Il fut troublé.

— Ah ! mon Dieu ! mon Dieu ! reprit-elle. C'est affreux ! C'est horrible ! Il n'a pas vu que c'était du dépit, de la rage, que je suis folle, que je l'aime.

Les sanglots redoublèrent. Elle continua, parlant dans ses mains, comme à elle-même, faible, suppliante :

— Pardon ! pardon ! je n'ai pas le droit de dire cela. Oh ! que je souffre ! Oh ! s'il me tuait, quelle délivrance ! quelle joie ! Pierre, Pierre, par pitié !

Il ne savait plus que penser. C'était la seule fois qu'il l'eût contemplée ainsi, implorant grâce, matée, consciente de sa honte, ployant devant lui. Il se la rappelait, après la faute première, redressant la tête, comme une vipère écrasée, tout de suite en révolte, cherchant des mensonges disculpeurs, se défendant, se rebiffant, mais non repentante du crime confessé. Il se la rappelait, après l'habitude prise de l'adultère, toujours hautaine, se pavanant dans son cynisme, crânant dans l'aveu, s'en faisant gloire, comme là tout à l'heure. Il se la rappelait surtout quand elle le rempoignait, lui, vaincu par l'accoutumance, enchaîné par la chair, acoquiné, aveuli, abruti, morne. Combien orgueilleuse, alors! Et combien sûre d'elle-même! Mais aujourd'hui, elle se prosternait dans son remords! Elle connaissait donc le remords! Elle se sentait méprisable, misérable! Elle en souffrait! Elle avait donc un cœur, enfin! Elle n'était donc pas un monstre!

Il s'approcha d'elle, lui toucha le front, lui dit doucement :

— Fernande, te promettre l'oubli de tout, non, je ne le puis, n'est-ce pas ? Mais je ne suis pas un justicier impitoyable. Ce que j'exige, c'est la séparation absolue. Sans haine de ma part, je te le jure ! Sans espoir de retour non plus. Tu te repens, c'est bien. Mais le mal demeure irréparable, conviens-en. Il faut, il faut que tu partes, que nous n'existions plus l'un pour l'autre. Cela, il le faut.

— Oh ! fit-elle, dis moi que tu me pardonneras peut-être, un jour, si j'expie longtemps, longtemps.

Il n'eut pas le courage de répondre non, et s'en tira par cette phrase évasive :

— Tout peut arriver, Fernande.

— Merci, merci. Je n'en demande pas plus, s'écria-t-elle en lui saisissant la main, qu'elle couvrait de larmes et de baisers.

Il lui sembla que sa main était brûlée sous ces âcres larmes, sous ces baisers fiévreux. Un engourdissement s'enroula autour de son bras, lui entra dans la peau, lui alanguit tout le corps. Machinalement, dans son esprit qui flottait à la dérive, pensant tout seul, une comparaison scientifique surgit, entre cette sensation étrange et le fourmillement d'une décharge électrique. Puis il songea aux anesthésiques, à l'éthérisation, à la suavité endormeuse de certains poisons lents. Cependant, sans résistance, il s'abandonnait à ce voluptueux anéantissement, à cette sorte de coma, cherchant à le définir au lieu de tâcher à s'y soustraire. Il se penchait, comme sollicité en bas par le poids lourd de sa main, paralysée maintenant. Il avançait, comme pris dans un engrenage qui le tirait peu à peu, d'un mouvement invincible. Il se trouva bientôt presque en contact avec Fernande. Leurs genoux se frôlaient. Les frisons de la chevelure lui chatouillaient la face. La tiédeur du col incliné lui chauffait les joues. Il se pencha encore, rapidement cette fois, et colla éperduement ses lèvres à la nuque qui les appelait.

Du coup, il était tombé sur le canapé, à côté de Fernande, palpitant, honteux, ébloui. Elle se cacha la figure contre lui, pâmée entre ses bras qu'il avait ouverts.

— Tu m'aimes donc encore un peu? murmura-t-elle de sa voix la plus câline. Viens, viens! Embrasse-moi! Regarde-moi! Pierre, je suis ta petite femme.

Mais, malgré elle, dans sa phrase caressante, une rauque intonation avait vibré; dans ses yeux ternes, un éclair avait lui; dans son étreinte passionnée, il y avait moins d'amour que de lutte, moins d'abandon que de triomphe. Cézambre n'eut pas le temps d'analyser tout cela. Il le perçut toutefois confusément, prit peur, se cabra, sauta debout, s'écria :

— Non, non, c'est abominable. Je ne veux pas. Qu'est-ce que j'allais faire?

Alors la Glu éclata de rire en lui jetant au nez :

— Imbécile, va !

Puis, s'emportant, elle reprit en paroles brèves, amères :

— Faut-il que tu sois bête, tout de même ! Dire que tu as cru à mon repentir ! cru que je t'aimais encore ! Comme si je t'avais jamais aimé ! Ah ! vous êtes bien tous les mêmes, les hommes ! Tas d'idiots ! Mais, ce que tu allais faire, tu le feras demain, ce soir, quand je voudrai. Car je le veux, maintenant, et je n'en aurai pas le démenti. Je resterai ici pour cela. Je n'avais pas de raison pour rester. J'en ai une. Je veux que tu me demandes pardon, à genoux, à me baiser les pieds, et que tu me supplies pour avoir les restes des autres. Ah ! ce n'est pas pour rien qu'on m'appelle la Glu !

Cézambre avait reculé devant elle, résolu à ne plus rien répondre, indigné contre lui-même, s'avouant vaguement qu'elle avait peut-être raison, puisqu'un peu plus il aurait pu céder tout à l'heure. Il n'avait plus qu'une pensée :

fuir. C'était là l'unique remède, décidément, le plus sûr; car il ne se sentait pas l'audace, aujourd'hui pas plus que jadis, de la tuer. Aujourd'hui moins que jadis. En avait-il seulement le droit, encore, après sa faiblesse épouvantable? Ah! le droit! Si ce n'était que le droit qui lui manquait! Mais c'était le courage.

— Tiens, va-t'en, lui dit-elle avec un crachement de mépris. Je vois que tu en as envie. Tu me fais pitié.

Elle ouvrit la porte, et il se sauva, poursuivi de rires insolents, au milieu desquels elle lui criait :

— Pleutre! poltron! Ah! ah! Sois tranquille, je te repincerai. Avant ce soir!

XXIX

Le docteur, après avoir pansé Marie-Pierre, le laissa dans la chambre de Naïk, aux bons soins de la fillette et de Gillioury, et descendit avec Marie-des-Anges à la salle basse.

— Alors, monsieur Cézambre, vous croyez, bien vrai, que ça ne sera rien ?

— Non, la mère, autant qu'on peut être sûr, je suis sûr que ça ne sera rien. Tranquillisez-vous. Il y a eu un fort ébranlement du cerveau. Il y a de la fièvre, un peu de délire. Mais nous en viendrons à bout, avec du repos, du calme.

— Ah ! C'est justement ça qui est le plus

difficile. Sa pauv'tête est encore plus malade dedans que dehors. Pourvu que ça ne le reprenne .pas, sa sale folie, s'il en réchappe ! Depuis ce matin que vous êtes déjà venu, il parle toujours d'elle, toujours, sans arrêter.

— Il en réchappera certainement. Quant à sa folie, c'est autre chose. A cela, je n'y peux rien, la mère. Il faut qu'il se guérisse lui-même. Il faut qu'il l'oublie.

— C'est qu'il l'a dans la peau, voyez-vous. Ah ! C'est une femme terrible, allez, pour l'avoir mis dans un état pareil. Une sorcière, harné ! pour tout dire. Mais vous le savez bien, mon pauv' monsieur Cézambre. Vous le savez mieux que personne, à ce qu'il paraît, puisque c'est votre légitime, que m'a dit Gillioury. Comme ça, elle est donc capable de tout, c'te gueuse-là ?

Le docteur leva les yeux au ciel d'un air désespéré.

— Mon Dieu ! oui, fit-il, capable de tout. Même de venir vous reprendre votre gas, si ça l'amuse. Elle aime le mal pour le mal.

— Me reprendre mon gas ! s'écria la vieille. Harnô ! qu'elle ne s'y frotte point !

— Et que feriez-vous donc ?

— Je la tuerais, dà !

— On ne tue pas les gens ainsi, la mère.

— On tue bien les mauvaises bêtes. Savez-vous qu'une fois, quand mon gas était petit, il y a un chien enragé qui courait dessus. Tout le monde s'ensauvait, même les hommes. Je n'ai fait ni une, ni deux, moi, vous entendez. J'ai pris mon balai par le gros bout, et je lui ai enfoncé la pointe dans la gueule, qu'il en avait jusqu'aux boyaux. Eh bien ! c'est pire qu'un chien enragé, votre femme, et si elle vient jamais pour me reprendre mon gas, je ne vous dis que ça, monsieur Cézambre, elle y laissera sa carcasse.

— Vous ne raisonnez pas, la mère.

— Eh ! non, dans un cas pareil, n'y a pas de raisonnement. Si j'avais raisonné avec le chien, mon gas y passait. On ne raisonne pas. On tue.

— Avec les bêtes, oui, répondit le docteur. Mais avec les gens, il y a la loi.

Et il lui expliqua, la voyant si exaltée, qu'elle n'avait pas le droit de se faire justice à elle-même ; que sa douleur et sa colère, et le malheur de son gas, ne lui serviraient pas d'excuses ; que le meurtre était un crime ; qu'elle en serait punie si elle le commettait. Et regardez les conséquences ! Elle serait envoyée en prison jusqu'à la fin de ses jours ; elle ne verrait plus son gas ; il serait le fils d'une condamnée ! Qui sait ! Il lui en voudrait sans doute d'avoir osé cet attentat, même pour lui. Il la maudirait à cause de ce dévouement. Il y aurait du sang entre eux. Non, non, cela n'était pas possible. Elle devait réfléchir. Ce n'était pas une issue. Il n'en sortirait que du mal pour tout le monde.

— Il en sortirait ça de bien, répliqua-t-elle, que la femme ne ferait plus de mal.

Plus à personne! Vous en profiteriez au
tenez, vous. N'y a pas à dire, le vieux
verbe a raison : Morte la bête, mort le ve

Le docteur ne répondit pas. Rêveur,
sorbé, il ruminait en lui-même. C'est à mi-
qu'il dit, croyant se parler intérieurement

— Oui, oui, cela vaudrait mieux, en som
pour tout le monde. Pour ce malheureux
fant, pour le comte, pour Adelphe, pour
même. Oui, certes. Mais quoi? ce n'est
faisable. Nous n'aurons pas cette chanc
faudrait un hasard.

Il ajouta tout haut :

—Décidément, la mère, il n'est pas bo
penser à ces choses-là. C'est trop sini
C'est impossible. Impossible pour vous,
tout. Je vous le répète, vous seriez
damnée.

La vieille le considéra fixement, s'appr
de lui, lui dit en pleine figure, distillan
mots goutte à goutte :

— Si c'est impossible pour moi sur

monsieur Cézambre, c'est donc possible pour d'autres, hein?

— Je n'ai pas dit cela! répliqua vivement le docteur.

— Vous l'avez dit sans le dire, mais en le disant tout de même, harné! J'ai compris la chose. Il y a quelqu'un, n'est-ce pas, il y a quelqu'un de qui elle dépend, cette femme, et qui répond d'elle, et qui a le devoir de la châtier si elle le mérite. Avouez-le, monsieur Cézambre, il y a quelqu'un, et ce quelqu'un-là n'est pas loin de moi, hein!

Elle le pressait, le tenait sous ses regards de vieille têtue et finaude, l'acculait à une réponse catégorique.

— Eh bien! oui, fit-il enfin. Oui, il y a quelqu'un qui a le droit, peut-être pas le droit strict, absolu, mais cependant, dans certains cas, le droit de...

— En un mot comme en cent, monsieur Cézambre, si vous la tuiez, vous, cette femme, votre femme, on ne vous ferait rien, pas vrai?

— Prise en flagrant délit, non, on ne me ferait rien.

— Pourquoi donc que vous ne la tuez pas, alors?

— Parce que... je ne peux pas. Il y a dix ans que je l'ai quittée, vous comprenez. Il y a dix ans. On ne peut pas, après dix ans.....

— Et pourquoi que vous ne l'avez pas tuée, il y a dix ans? Savez-vous que vous êtes coupable, en un sens, de tout ce qu'elle a fait depuis. Pourquoi que vous ne l'avez pas tuée?

— Parce que... parce que je n'ai pas pu, je n'ai pas eu le cœur assez dur, j'ai horreur de ça, quoi! Je ne peux pas, je ne peux pas.

— Ah! tenez, voulez-vous que je vous dise, monsieur Cézambre? Eh bien! Elle vous est encore de quelque chose, elle vous a mangé l'âme à vous aussi, je vois ça. Harné! n'y a donc plus d'hommes, à c't'heure!

En ce moment, le loquet de la rue se souleva, la porte s'ouvrit, et, dans l'ombre du dehors, la Glu parut, éclairée par la lampe de la salle basse. Elle était en toilette rose. Elle souriait. Elle fit un signe du doigt au docteur, avec un geste d'impertinente autorité, et lui dit :

— Sors. Viens ici. J'ai à te parler.

— N'y allez pas, monsieur Cézambre, grommela Marie-des-Anges. Et filez, vous, la femme. N'entrez point chez moi.

La Glu entra et referma la porte derrière elle comme pour narguer la vieille, la défiant, outrecuidante.

— Veux-tu sortir avec moi? répéta-t-elle au docteur. Veux-tu m'obéir tout de suite? Je suis venue te relancer ici, exprès, pour t'humilier devant les gens auprès de qui tu fais le malin, sans doute. Et je suis ravie que tu ne sois pas sorti tout d'abord, parce qu'ici j'ai des moyens sûrs de te forcer à obéir.

Marie-des-Anges était stupéfaite de tant d'audace. Elle en demeurait immobile, muette. Le docteur se taisait aussi, épouvanté véritablement.

— Oui, reprit la Glu, j'ai des moyens. Tu vas te mettre à genoux et me demander pardon, là, devant cette femme.

— Tu es folle ! fit le docteur.

— Je ne suis pas folle. Tu vas faire ce que je te dis, ou bien j'appelle Marie-Pierre, je le cherche. Il est ici, je le sais. Pour qu'il ne lui arrive pas de mal, tu vas m'obéir.

— Mon gas ! tu en veux encore à mon gas ! s'écria la vieille. Qu'est-ce que tu as dit là ? Je n'ai pas bien entendu, pour sûr ! Tu vas monter près de mon gas ?

— J'y monterai si ça me plaît, la vieille.

La Glu haussa les épaules, et, d'un pas tranquille, marcha vers le docteur, qui se tenait précisément près de la porte close de l'escalier.

Marie-des-Anges crut qu'elle exécutait sa menace et voulait monter.

Elle se baissa, ramassa dans un coin un lourd merlin, le brandit à deux mains en le faisant tournoyer en l'air, et cria :

— Harné! non, tu ne monteras pas, putain!

La Glu se retourna. Mais elle n'eut pas seulement le temps de porter ses mains à sa face. Le docteur n'eut pas non plus le temps de faire les trois pas qui le séparaient d'elle.

Rapide, sifflant, le coup tomba en plein front, avec un bruit sourd comme celui d'une bûche qu'on fend sur le billot.

Vloc!

— Han! geignit la vieille.

Et la Glu tomba morte, la tête ouverte en deux jusqu'au menton.

Au bruit, on entendit le pas boîteux de Gillioury qui dégringolait l'escalier.

Le docteur courut à Marie-des-Anges, lui arracha le merlin, l'empoigna et dit :

— Pas un mot! Personne ne vous a vue. Il est entendu que c'est moi qui l'ai tuée.

XXX

Dans la chambre de Naïk, par la croisée ouverte, un gai soleil entrait, étalant sur le plancher de sapin clair, lavé à grande eau, sa nappe éblouissante. Une poussière légère, menue, lumineuse, ambrée, flottait, incessamment remuée en tourbillons dansants par la valse des moucherons imperceptibles. Au rebord de la fenêtre, un pot de basilic exhalait sa suave senteur musquée, et des giroflées précoces, fleurant le miel, balançaient aux brises errantes leurs falbalas jaunes, visités de temps en temps par une abeille, qui voletait un moment d'un bout de la pièce à l'autre, bourdonnait et rebondissait contre les vitres comme une balle d'or. Dehors, contre le mur, était accrochée la cage d'osier où maître Nicolas sublait allègrement :

> Jusqu'au revoir, la belle,
> Bientôt nous reviendrons.

On avait eu soin de le mettre sous le vent, en sorte que son refrain s'en allait dans la rue, emporté loin, ne pénétrait pas trop aigu dans la chambre, et ne faisait que bercer le sommeil du gas.

Dans le lit de Naïk, le gas était mollement couché, les jambes sous une chaude couette, les membres dorlotés au fin tissu du plus beau linge, entre les draps du trousseau de fiancée ourdi par la savante fillette. A travers les rideaux de serge, un peu entrebaillés seulement, l'air frais arrivait tamisé, ensoleillé, embaumé, bon. Marie-Pierre le humait tout en dormant, la tête enfouie au creux d'un vaste oreiller de pur duvet, sa pauvre tête enflée, bleuie par endroits, violette, marbrée de bosses sanguines, emmaillotée de bandelettes.

Au chevet du lit, la vieille faisait fondre une pierre de sucre dans un gobelet pour lui donner à boire quand il se réveillerait. Au pied, Gillioury grattait doucement, doucement, son *banjo*, fredonnait en sourdine dans le trou de l'instrument, agitait parfois les bras en soufflant des pouh! pouh! inquiets pour chasser les mouches. Naïk allait et venait, sur la pointe de ses chaussons, sans plus de bruit qu'une ombre, trempait des linges dans une bassine, courait à la porte quand on appelait en bas, et demandait à voix retenue, dans l'escalier :

— Qui est là?

Mais elle n'osait descendre toute seule, encore épouvantée au souvenir du spectacle qu'elle avait vu là hier : cette femme morte, ratatinée sur elle-même, comme aplatie, avec sa robe rose étoilée de larges taches rouges et sa face hideuse séparée par le mitan.

— Ah ! la malheureuse ! pensait-elle. Elle a trépassé sans confession, en état de péché mortel. C'était une mauvaise personne, et qui nous a fait bien des maux. Mais je voudrais tout de même qu'elle eût fini autrement.

Et la petite se signait, disait un *Ave*, ajoutant :

— Sainte Anne, ma bonne patronne, mère de notre sainte Vierge Marie, sainte Anne d'Auray, priez pour elle !

Gillioury, tout en marmonnant, songeait aussi à la scène d'hier et pensait :

— N'empêche que c'est un gabier d'aplomb, m'sieu le major. Je savais bien qu'il n'y avait que lui pour ramener tout ça au nord. Fier coup de poigne, tout de même ! Un sabre d'abattis n'aurait pas fait mieux. Il lui a fendu la margoulette droit au lof, une joue à babord, l'autre à tribord. Pas un terrien qu'aurait travaillé comme ça. Les mathurins, c'est des lapins.

Marie-des-Anges se demandait avec angoisse ce qui arriverait de toute cette histoire.

S'en tirerait-il, ce brave monsieur Cézambre, qui avait pris le meurtre à son compte et qui s'était constitué prisonnier? Un cœur d'homme, après tout, qui n'avait pas la force de faire la chose, mais qui avait eu celle, plus fière, de s'en déclarer responsable ! Ah ! le vaillant ! Comme c'était beau ! Quant à elle, ni regrets, ni remords. Le coup serait à recommencer qu'elle le recommencerait, harné ! sans un tremblement dans la main, sans un pli à la conscience. Elle avait bien agi. Ça servirait-il, au moins ? Oh ! pour cela, sûrement. Le gas serait bien forcé d'oublier. Les défunts sont les défunts. Et elle se répétait, farouche :

— Morte la bête, morte le venin !

Le gas avait dormi un bon somme depuis l'aube, un somme tranquille, à souffle régulier, sans délire, presque sans fièvre. Il n'avait plus prononcé de ces phrases entrecoupées, de ces mots tantôt colères, tantôt caressants, où galopaient, cette nuit encore, en rêves malsains, les souvenirs de son mauvais péché, de sa noire et sale folie. Il reposait maintenant comme un honnête petit gas malade, faiblot, innocent. Ah ! pourvu que le réveil ne vînt pas démentir cette tant espérée guérison ! Pourvu qu'il n'eût pas l'âme mangée jusqu'à l'os !

Il soupira, bâilla, s'étira, et se mit à geindre douloureusement, ayant trop fort grouillé sa tête. Aussitôt sa mère lui tendit le gobelet en disant :

— As-tu soif, mon pau' p'tit gas ?

Et Naïk, en même temps, accourait avec une compresse fraîche, tandis que Gillioury continuait plus haut sa chanson commencée, dont les notes, moins sourdes à présent, excitaient le merle à redoubler son refrain.

— Ah ! ma mère, ma mère, ma bonne ancienne ! fit le gas. C'est donc vous qu'êtes là, et qui me choyez tant et tant ? Et c'est toi aussi, ma petite Naïk, ma fine cousine ? Et toi, mon vieux Bout-dehors ? Ah ! comme vous m'aimez pour de vrai, vous autres !

Il avait de grosses et douces larmes dans les

yeux. Aucun reproche, aucune rancœur ne se lisait sur les chères figures des siens. Il semblait que rien ne se fût passé, qu'il sortît de maladie simplement, d'un long et horrible cauchemar, et que ceux-là l'avaient veillé tout le temps, et s'épanouissaient de le voir enfin rendu à eux et à lui-même.

— Ma mère, ma bonne ancienne ! répétait-il en sanglotant.

Et, n'osant la regarder, il ajoutait tout bas :

— Après ce que je vous ai fait ! Vous ne m'en voulez pas ? C'est-il Dieu possible ? Vous me choyez encore et toujours. Après ce que je vous ai fait !

— Tais-toi, mon pau' p'tit gas, répondait la vieille. Tais-toi. Tu ne sais pas ce que tu dis. Tu ne m'as rien fait, harné ! Rien de rien. T'as rêvé, vois-tu. Et puis, et puis, est-ce que je ne suis pas ton ancienne, dà ?

— Et Naïk non plus ne m'en veut pas ?

— Moi non plus, Marie-Pierre, mon fin Marie-Pierre.

— Et t'es ma promise, comme devant?

— Pour sûr.

— Mais, dis-moi, Gillioury, c'est-il Dieu possible qu'on soit aimé comme ça? Allons, tu le sais bien, toi, que je n'ai pas rêvé. J'ai fait le mal. J'ai failli du corps et de l'âme, pour tout dire. Je suis un gueux, un malandrin. J'ai peiné les miens les plus chers, et mis mon salut en oubliance, et le reste, et tout. Comment qu'on peut m'aimer encore? Et surtout maman, ma pauvre bonne ancienne?

— Je vas te dire la chose qu'est la chose, répondit le vieux mathurin. C'est comme dans la chanson, pas moins. Tu ne la connais pas, tiens, celle-là. Je me la suis rappelée à c'matin, pendant que tu dormais, et que la mère te soignait en Jésus de crèche. C'est une chanson du temps jadis. Ah! bon sang! Elle n'est pas gaie. Mais elle dit joliment la chose qu'est la chose. Attrape à écouter, pour voir.

Il accorda son *banjo* en mineur, pinça du pouce une ritournelle dolente, toussa, remonta sa lippe, cligna sa prunelle mélancoliquement et chanta :

Y avait un' fois un pauv' gas,
  Et lon lan laire,
  Et lon lan la,
Y avait un' fois un pauv' gas
Qu'aimait cell' qui n'laimait pas.

Ell' lui dit : Apport' moi d'main,
  Et lon lan laire,
  Et lon lan la,
Ell' lui dit : Apport' moi d'main
L'cœur de ta mèr' pour mon chien.

Va chez sa mère et la tue,
  Et lon lan laire,
  Et lon lan la,
Va chez sa mère et la tue,
Lui prit l'cœur et s'en courut.

Comme il courait, il tomba,
  Et lon lan laire,
  Et lon lan la,
Comme il courait, il tomba,
Et par terre l'cœur roula.

Et pendant que l'cœur roulait,
        Et lon lan laire,
        Et lon lan la,
Et pendant que l'cœur roulait,
Entendit l'cœur qui parlait.

Et l'cœur disait en pleurant,
        Et lon lan laire,
        Et lon lan la,
Et l'cœur disait en pleurant :
T'es-tu fait mal, mon enfant ?

FIN

Paris. — Typ. Ch. Unsinger, 83, rue du Bac.

RAPPORT

15

MIRE ISO N° 1
NF Z 43-007
AFNOR
Cedex 7 - 92080 PARIS-LA-DÉFENSE

BIBLIOTHÈQUE NATIONALE

CHÂTEAU
de
SABLÉ
1984

www.ingramcontent.com/pod-product-compliance
Lightning Source LLC
Chambersburg PA
CBHW050756170426
43202CB00013B/2442